RECUEIL
DE CANTIQUES
A L'USAGE DES
CHRÉTIENS ÉVANGÉLIQUES.

PARIS, IMPRIMERIE DE J. SMITH, RUE MONTMORENCY, N° 16.

RECUEIL
DE CANTIQUES
A L'USAGE DES
CHRÉTIENS ÉVANGÉLIQUES;

PAR

MM. LES PASTEURS DE L'ÉGLISE
DE LA CONFESSION D'AUGSBOURG
A PARIS.

NOUVELLE ÉDITION.

A PARIS,

Chez
- MM. Treuttel et Würtz, libr., rue de Bourbon, n° 17.
- M. Goepp, pasteur, rue Culture-Sainte-Catherine, n° 58.
- M. Boissard, Pasteur, r. des Billettes, n° 16.
- Et à la Sacristie du Temple de la Confession d'Augsbourg, rue des Billettes.

1826.

Prière en entrant à l'Église.

O Dieu! donne-moi un esprit de recueillement et de sagesse, afin que je profite des instructions de ta parole, et que je te rende un culte qui te soit agréable par J.-C. ton fils. Amen.

Prière à l'issue du service divin.

Que les prières et les hymnes auxquelles je viens de m'unir, que les paroles de ma bouche et la méditation de mon cœur te soient agréables, ô mon Dieu! Que les impressions que viennent de produire en moi les leçons de ton Évangile soient profondes et permanentes pour la vie éternelle! Amen.

AVERTISSEMENT.

Plusieurs églises protestantes ayant adopté ce Recueil de Cantiques, nous en publions la seconde édition avec addition de deux hymnes pour cas de mariages.

Les airs de Psaumes sur lesquels se chantent plus de cent de nos cantiques sont généralement connus, et l'expérience nous a appris avec quelle facilité la jeunesse peut être formée au chant des airs nouveaux, et en combien peu de temps les assemblées s'habituent à les chanter après les avoir entendus répéter par des chœurs d'élèves exercés: au lieu donc de faire imprimer la musique en tête de chaque cantique, nous nous sommes bornés à faire lithographier à part le recueil des airs à l'usage des écoles et des personnes qui voudraient en faire l'acquisition (1).

Nous bénissons le Seigneur de l'édification que ce recueil a déjà procurée à son Église, et nous lui adressons les vœux les plus fervens pour que cette réimpression concoure à la propager.

Paris, 1er mars 1826.

BOISSARD, *pasteur*. J.-J. GOEPP, *pasteur*.

---

(1) Ce recueil se trouve au prix de 75 cent. aux mêmes adresses que le présent ouvrage.

TABLE DES MATIÈRES.

Les cantiques sur l'air 52. *Du Klagst und fühlest* peuvent, partout où le nombre de versets est pair, se chanter en réunissant deux versets en un seul, sur l'air 49. *Wie gross ist des Allmæcht'gen*, ou sur l'air du Ps. CXVIII. Il en est de même des Cantiques sur l'air 64. *Ach bleib mit deiner Gnade*, qui peuvent se chanter sur l'air 7. *Befiehl du deine Wege*, ou sur l'air du Ps. CXXVIII ou CXXX.

RECUEIL
DE CANTIQUES
A L'USAGE DES
CHRÉTIENS ÉVANGÉLIQUES.

ŒUVRES ET PERFECTIONS DE DIEU.

1. Air No. 4 : *An Wasserflüssen Babylon.*

1. Les cieux instruisent la terre
A révérer leur auteur;
Tout ce que ce globe enserre
Célèbre un Dieu créateur.
Quel plus sublime cantique
Que ce concert magnifique
De tous les célestes corps!
Quelle grandeur infinie,
Quelle divine harmonie,
Résultent de leurs accords!

2. De sa puissance immortelle
Tout parle, tout nous instruit;

Le jour au jour la révèle,
La nuit l'annonce à la nuit.
Ce grand, ce superbe ouvrage,
N'est point pour l'homme un langage
Obscur et mystérieux;
Son admirable structure
Est la voix de la nature
Qui se fait entendre aux yeux.

3. Dans une éclatante voûte
Il a placé de ses mains
Le soleil qui, dans sa route,
Eclaire tous les humains.
Environné de lumière,
Cet astre ouvre la carrière
Que l'Éternel lui prescrit;
Et par sa chaleur puissante,
La nature languissante
Se ranime et se nourrit.

4. O que tes œuvres sont belles!
Grand Dieu, quels sont tes bienfaits!
Que ceux qui te sont fidèles
Sous ton joug trouvent d'attraits!
Ta crainte inspire la joie,
Elle assure notre voie,
Elle nous rend triomphans;
Elle éclaire la jeunesse,

Et fait briller la sagesse
Dans les plus faibles enfans.

---

2. Air N°. 49 : *Wie gross ist des Allmächt'gen.*
Ou N°. 50 *ou* 51 *(air du Psaume CXVIII).*

1. Enlevez-moi, saintes pensées,
Au-dessus du séjour mortel !
Les bornes à l'homme tracées
N'enchaînent point l'Être éternel.
Sans limites, incorruptible,
Il vit et règne dans les cieux ;
Une lumière inaccessible
Le dérobe à nos faibles yeux.

2. En vain l'esprit fini s'élance
Pour arriver à sa hauteur.
Qui peut comprendre son essence ?
Qui peut s'égaler au Seigneur ?
Législateur et Roi suprême,
Ceint de force et de majesté,
Lui seul existe par lui-même,
Et sans lui rien n'eût existé.

3. Mortels ! le monde est son ouvrage :
Louez son nom par vos concerts ;
D'esprits créés à son image
Son souffle a peuplé l'univers.
Moi-même, enfant de la poussière,

Il me forma pour le bonheur:
Grand Dieu! puisse ma vie entière
Être un saint hymne à ton honneur!

---

3. AIR N°. 16: *Je chanterai, Seigneur.*
Ou N°. 17.

1. Je chanterai, Seigneur, tes œuvres magnifiques,
Ton auguste pouvoir, ta suprême grandeur.
Aux concerts de tes saints j'unirai les cantiques
Que pour toi me dicte mon cœur.

2. O que de l'Éternel la parole est féconde!
L'univers fut jadis l'ouvrage de sa voix.
Il dit: Les élémens, le ciel, la terre et l'onde
Sortent du néant à la fois.

3. Le monde passera; ce superbe édifice
Un jour s'ébranlera jusqu'en ses fondemens.
Ta sagesse, grand Dieu! ta bonté, ta justice
Subsisteront dans tous les temps.

4. Par de nouveaux bienfaits, ta puissance sublime
S'annonce chaque jour à nos cœurs attendris;
Même au sein du malheur ta bonté nous ranime,
Elle est attentive à nos cris.

5. Puissions-nous te prouver notre reconnaissance

En cherchant en toi seul notre parfait bonheur;
A ta voix, Dieu très-haut, marcher dans l'innocence,
Et te consacrer notre cœur!

6. Quand je chante, ô mon Dieu, tes œuvres magnifiques,
Ton souverain pouvoir, ta céleste grandeur;
Daigne, daigne agréer mes vœux et mes cantiques;
Ils partent du fond de mon cœur.

---

4. Air No. 49 : *Wie gross ist des Allmächt'gen.*
Ou No. 50 *ou* 51 (*air du Ps. CXVIII*).

1. Qui peut, ô Dieu, de ta puissance,
De ton amour, de ta grandeur,
Méditer l'étendue immense
Sans te bénir avec ferveur?
Je vois tes merveilleux ouvrages
Dans l'univers entier épars,
Tes desseins bienfaisans et sages,
Partout où tombent mes regards.

2. Le ciel orné de mille étoiles,
Et l'aurore d'un beau matin,
La nuit et ses lugubres voiles,
Tout, ô Dieu, décèle ta main.

La fleur des champs te doit son être,
Le soleil te doit sa splendeur;
L'univers entier fait connaître
Et ta puissance et ta grandeur.

3. Ton bras dirige le tonnerre,
Ta main féconde nos sillons;
Ton ordre a marqué leur carrière
Aux impétueux aquilons.
D'épis la moisson jaunissante
Qui dore nos fertiles champs,
De ta sagesse bienfaisante
Instruit nos cœurs, parle à nos sens.

4. Et l'homme, fait à ton image,
Comblé des dons de ta bonté;
L'homme, ton plus parfait ouvrage,
Formé pour l'immortalité,
O de sa céleste origine,
Quels traits, suprême créateur!
N'as-tu pas, de ta main divine,
Imprimés au fond de son cœur!

5. Esprit émané de Dieu même,
Mon ame! tu dois à jamais
Adorer cet Être-Suprême
Qui t'enrichit de ses bienfaits.
Te consacrant à son service,
Célèbre, exalte sa bonté!

Rends gloire à Dieu par ta justice,
Et révère sa majesté!

---

5. Air No. 49 : *Wie gross ist des Allmächt'gen.*
Ou No. 50 *ou* 51 (*air du Ps. CXVIII*).

1. Tous les êtres ont un langage
Pour célébrer leur créateur.
L'univers entier rend hommage
A son céleste bienfaiteur.
L'astre brillant de la lumière,
Par son éclat majestueux,
Dans tout le cours de sa carrière
L'annonce, en parle à tous les yeux.

2. Il est sa rayonnante image :
Mais Dieu peut-il se concevoir?
Notre œil, qui de loin l'envisage,
De trop près n'ose point le voir.
Je connais un Dieu, je l'adore,
De ses bienfaits mon cœur jouit;
Quel est-il? Mon esprit l'ignore,
Son sublime éclat m'éblouit.

3. L'insecte qui, dans la nature,
Est le plus vil, le plus petit,
Prêche à nos yeux par sa structure
La main savante qui le fit.
O quel spectacle magnifique

Que les organes de son corps!
Quelle admirable mécanique
Que ses invisibles ressorts!

4. O que, dans son délire impie,
Outrageant sa propre raison,
Du Dieu qui lui donna la vie
Le pécheur blasphême le nom!
Pour moi, Divinité suprême!
Je ne puis vouloir t'ignorer;
Je te sens agir en moi-même,
Mon bonheur est de t'adorer.

---

6. AIR N°. 28: *O Gott du frommer Gott.*
Ou N°. 29 ou 30.

1. OUI, c'est un Dieu caché que le Dieu qu'il faut croire;
Mais tout caché qu'il est, pour révéler sa gloire,
Quels éloquens témoins devant moi rassemblés!
Répondez, cieux et mers! et vous, terre, parlez!

2. Quel bras vous suspendit, innombrables étoiles!
Nuit brillante! dis-nous qui t'a donné tes voiles?
O cieux! que de grandeur et que de majesté!
J'y reconnais un maître à qui rien n'a coûté.

3. Ainsi que dans nos champs il jette la poussière,

Sa main dans vos déserts a semé la lumière.
Vous brillez de ses feux, astres étincelans!
Son pouvoir souverain conduit vos mouvemens.

4. Par quel ordre, ô soleil! viens-tu sur notre monde
Répandre les rayons de ta clarté féconde?
Tous les jours je t'attends, tu reviens tous les jours;
Est-ce moi qui t'appelle et qui règle ton cours?

5. Non, c'est un Dieu puissant, tout sert à m'en instruire.
La Nature me dit: Contemple mon empire,
Vois ces riches trésors dans les champs d'alentour;
C'est un Dieu bienfaisant qui bénit ton séjour.

6. Si je sers tes besoins, c'est lui qui me l'ordonne:
Les présens qu'il me fait, c'est à toi qu'il les donne;
Il me pare des fleurs qui tombent de sa main;
Il ne fait que l'ouvrir, et m'en remplit le sein.

7. De secrètes beautés quel amas admirable!
Plus l'auteur est caché, plus il est adorable.
Quel plan, quelle unité dans ce vaste univers
Dont un Dieu combina les élémens divers!

8. Puisse le même accord régner parmi les hommes!

Reconnaissons du moins celui par qui nous sommes;
Celui qui fait tout vivre et qui fait tout mouvoir:
Adorons sa grandeur, célébrons son pouvoir.

---

7. AIR No. 46: *Wachet auf! ruft uns.*

1. CÉLÉBREZ, peuple fidèle,
La grandeur, la gloire immortelle
Du bienfaiteur de l'univers!
Louez sa magnificence!
D'un seul acte de sa puissance
Il créa la terre et les mers.
Accordez vos accens,
Faites fumer l'encens
A la gloire
De l'Eternel.
Esprits du ciel!
Unissez-vous à nos concerts.

2. Grand Dieu! le ciel que j'admire,
L'immensité de ton empire
Absorbe mon entendement.
Quoi! cette terre féconde,
Où ta bonté divine abonde,
Ta main la tira du néant.
Tu parlas, elle fut:

La lumière parut
A ton ordre.
Un mot suffit,
Tout obéit
A la voix du Dieu tout-puissant.

3. De toutes parts ta clémence,
Ta charité, ta bienfaisance,
Préviennent nos moindres souhaits.
Plaines, vallons et montagnes,
Sombres forêts, riches campagnes,
Tout nous atteste tes bienfaits.
Tu bénis nos sillons,
Tu dores nos moissons;
Chaque année
De nouveaux biens
Montrent aux tiens
Ta bonté sous de nouveaux traits.

4. Mille fois heureux les hommes,
O notre Père! si nous sommes
Des enfans dignes de ton choix;
Si, morts aux charmes frivoles
Du monde, abhorrant ses idoles,
Nous n'obéissons qu'à ta voix.
Car l'immortalité
Et la félicité
Sont promises

A tes enfans
Persévérans
Dans l'amour de tes saintes lois.

---

8. Air N°. 16 : *Je chanterai, Seigneur.*
Ou N°. 17.

1. Auteur de l'univers, suprême intelligence,
Reçois, reçois les vœux des fragiles mortels!
Daigne agréer l'encens que leur reconnaissance
Apporte aux pieds de tes autels!

2. Qui pourrait pénétrer tes secrets ineffables!
Tu n'as point de passé, tu n'as point d'avenir;
Ta majesté remplit ces mondes innombrables
Qui ne peuvent te contenir.

3. O toi qui, du néant, ainsi qu'une étincelle,
Fis jaillir dans les airs l'astre éclatant du jour;
Fais plus, verse en nos cœurs ta sagesse immortelle;
Embrase-les de ton amour.

4. Dissipe nos erreurs, rends-nous bons, rends-nous justes;
Fais qu'exaltant ton nom, publiant tes bienfaits,
Notre ame, en tout soumise à tes décrets augustes,
Goûte les douceurs de ta paix.

9. Air N°. 47 : *Wer nur den lieben Gott lässt.*
Ou N°. 48.

1. Mortels, exaltez la clémence
Du Dieu dont le nom, la grandeur,
L'empire et la magnificence
Ont dû pénétrer votre cœur!
Si sa gloire brille à jamais,
C'est par l'éclat de ses bienfaits.

2. De son amour tant de miracles,
Ce monde embelli par ses mains,
Seraient-ce là de vains spectacles,
A vos yeux, ô faibles humains!
N'y voyez-vous pas ses bienfaits
Briller des plus nobles attraits?

3. O quelle ineffable tendresse!
Les cieux en montrent la grandeur;
La terre en fait voir la richesse,
Le soleil en peint la splendeur.
Si sa gloire brille à jamais,
C'est par l'éclat de ses bienfaits.

4. Il fit ce beau palais de l'homme,
Il l'enrichit de ses présens;
Tous les trésors qu'on y consomme
Sont des dons faits à ses enfans;

Il y fait briller à jamais
Sa majesté dans ses bienfaits.

5. Louons donc ce céleste Père,
Consacrons-lui tout notre cœur,
Et faisons retentir la terre
D'un hymne saint à son honneur!
Que sa gloire y brille à jamais
Du doux éclat de ses bienfaits.

---

10. Air N°. 49 : *Wie gross ist des Allmächt'gen.*
Ou N°. 50 *ou* 51 (*air du Ps. CXVIII*).

1. Chrétiens! ranimez votre zèle,
Pour louer Dieu tout d'une voix;
Sa louange fut toujours belle
Dans la bouche des hommes droits.
A la pompeuse symphonie
Des instrumens harmonieux,
Joignez la douce mélodie
De vos accens religieux.

2. Qu'à jamais votre voix publie
Par un cantique solennel,
Qu'en tous lieux la terre est remplie
De la bonté de l'Éternel!
Dites que les traces sublimes
De son pouvoir majestueux,

Brillent jusqu'au fond des abîmes
Que l'Océan cache à nos yeux.

3. Le firmament à sa parole
Resplendit au plus haut des airs ;
Et soudain sur son double pole
On vit se mouvoir l'univers.
Loin des œuvres de sa puissance
Qu'elle embrasse d'un seul regard,
Son adorable Providence
A banni l'aveugle hasard.

4. Exempte d'erreur, de faiblesse,
Dans ses conseils toujours certains,
Une invariable sagesse
Dicte et conduit tous ses desseins.
Sa science incompréhensible
De nos cœurs sonde les secrets ;
Il connaît, témoin invisible,
Les plus cachés de nos projets.

5. Mais ce Dieu puissant, dans sa grâce,
Chrétiens, a réglé votre sort;
Et lorsque la mort vous menace,
Sa main vous arrache à la mort.
Venez, avec reconnaissance,
Venez donc bénir le Seigneur;

Et que sa tendre bienveillance
Rassure à jamais votre cœur.

---

11. Air No. 47 : *Wer nur den lieben Gott.*
Ou No. 48.

1. O Dieu, ton trône est toujours ferme;
Ta suprême félicité,
Seigneur, ne connaît d'autre terme
Qu'une immuable éternité.
Tout périt, tout a son déclin;
Mais ton règne sera sans fin.

2. Tu parlas, à ta voix puissante
L'univers parut à l'instant;
A ta voix, sa masse imposante
S'abîmera dans le néant;
D'un coup d'œil tu vois son berceau,
Et sa durée, et son tombeau.

3. Tu fus, tu seras d'âge en âge;
Le temps, ce puissant destructeur,
Le temps lui-même est ton ouvrage,
Et ne peut rien sur son auteur.
Faibles jouets de son pouvoir,
Sur toi nous fondons notre espoir.

4. Oui, Dieu tout bon, père adorable!
Tu daignas, au faible mortel,

Au pied de ton trône immuable,
Ouvrir un asile éternel.
Règle, ô mon Dieu, tous mes destins !
Je me remets entre tes mains.

---

12. Air No. 4 : *An Wasserflüssen Babylon.*

1. Seigneur, tu m'as donné l'être,
La vie et le mouvement :
Le jour que tu me fis naître
Tu sus mon dernier moment.
Que l'homme agisse ou repose,
Ce qu'il fait, ce qu'il dispose,
Avant le temps fut écrit ;
Comme en un livre tracées,
Tu lis toutes les pensées
Que produira son esprit.

2. Que lui sert un vain mystère ?
S'il se cache, tu le vois ;
S'il hésite ou délibère,
D'avance tu sais son choix.
Sous une invisible flamme,
Dans le conseil de son ame
Tu descends du haut des cieux.
Libre, il pèse, il examine,
Réfléchit, se détermine,
Et n'agit que sous tes yeux.

3. Ta science offre à ta vue
Nos désirs et nos destins;
Ta main sur nous étendue
Guide nos pas incertains.
J'ouvre à peine la paupière,
Qu'un rayon de ta lumière
M'éclaire de toutes parts;
Et ta vaste intelligence
Est pour nous un gouffre immense
Où se perdent nos regards.

4. Où fuir, où cacher ma course
A mon Juge souverain?
Il n'est ni lieu ni ressource
Pour échapper à sa main.
Si des airs perçant les routes,
Je monte aux célestes voûtes,
Ce Dieu puissant s'offre à moi;
Des régions du tonnerre
Si je descends sous la terre,
C'est encor lui que je vois.

5. Je croyais que la nuit sombre
Me dérobait à ses yeux:
Mes péchés, cachés dans l'ombre,
Etaient vus du haut des cieux.
Apprenez à le connaître,
Mortels, cet auguste maître

Qui veille quand vous dormez !
Esprits faibles, cœurs profanes,
Jugez-vous par vos organes
Du Dieu qui les a formés ?

6. Devant lui l'abîme s'ouvre
De ses rayons éclairé,
Le voile obscur qui nous couvre,
Sous ses pas est déchiré.
L'ombre fuit quand il l'ordonne ;
Les objets qu'elle environne,
Son œil les distingue tous ;
La nuit la plus ténébreuse
Est pour lui plus lumineuse
Que le jour ne l'est pour nous.

7. Tu fais ta plus douce gloire,
Seigneur, de nous rendre heureux.
Je veux garder la mémoire
De tous tes dons généreux.
Mais leur nombre comparable
A celui des grains de sable
Qui couvrent le fond des mers,
Me confond dès que j'y pense ;
Et telle en est l'abondance,
Qu'en les comptant je m'y perds.

13. AIR N°. 28 : *O Gott du frommer Gott.*
Ou N°. 29 *ou* 30.

1. BÉNI soit l'Éternel dont la main créatrice
De ce vaste univers a fondé l'édifice !
Conservés, protégés par ses soins paternels,
Apportons notre offrande aux pieds de ses autels.
2. Béni soit le Seigneur, le fils du Dieu suprême,
Qui, par amour pour nous, s'humiliant lui-même,
Endurant mille maux, à la croix attaché,
Par son sang, par sa mort, nous sauva du péché.
3. Béni soit le Seigneur, l'Esprit saint, pur et sage!
De la faveur du ciel ses bienfaits sont le gage ;
C'est lui qui nous fournit les consolations
Dont notre ame a besoin dans ses afflictions.
4. De ce Dieu trois fois saint, à l'exemple des anges,
Chrétiens ! empressons-nous à chanter les louanges :
Faisons avec transport retentir en tout lieu
Ces accens solennels : béni soit notre Dieu !

14. AIR N°. 19 : *Kommt her zu mir spricht, etc.*
Ou, en réunissant deux versets en un, air du Ps. XXXVI.

1. HUMILIONS-NOUS devant Dieu !
Chrétiens ! célébrons en tout lieu

Son nom et sa puissance.
Bénissons ce Dieu créateur,
Chantons son règne et sa grandeur,
Exaltons sa clémence.

2. Béni sois-tu, Fils éternel !
Sauveur de l'homme criminel !
Reçois notre humble hommage :
Pénétré de ta charité,
Ton peuple affranchi, racheté,
T'exalte d'âge en âge.

3. Béni sois-tu, céleste Esprit !
De notre cœur humble et contrit,
Reçois les vœux sincères.
Puisse-t-il t'être consacré !
Fais, Seigneur, qu'il soit éclairé
De tes vives lumières !

4. Béni sois-tu, Dieu trois fois saint !
Que ton auguste nom soit craint
Par tout ce qui respire !
Règne sur nous tous à jamais,
Et que l'univers désormais
Révère ton empire !

PROVIDENCE.

15. Air No. 57.

1. Quand, transporté vers toi du terrestre séjour,

Grand Dieu ! de tes bontés j'admire l'étendue ;
Mon ame en ta présence étonnée, éperdue,
Tressaille de respect, et de joie, et d'amour.

2. Je ne puis exprimer cette sublime ardeur
Qu'allument dans mon cœur tes bienfaits, ta clémence.
Quels termes suffiraient à ma reconnaissance !
Comment pourrais-je assez bénir mon Créateur !

3. Dès que je vis le jour, à mes cris languissans
Tu prêtas, Dieu très-haut, une oreille empressée ;
Tu m'exauças avant que ma faible pensée
Ait su de la prière emprunter les accens.

4. Ta main me prodigua ces soins consolateurs,
Ineffables trésors de ta grâce divine :
Faible enfant, j'ignorais la céleste origine
D'où résultaient pour moi de si douces faveurs.

5. Insensé, quand je fus près de me fourvoyer
Dans les sentiers glissans, écueils de la jeunesse,
D'une force invisible étayant ma faiblesse,
De mille erreurs, grand Dieu ! tu sus me préserver.

6. Mes jours allaient s'éteindre, usés par mille maux,
A ta voix la santé vint renouer leur trame ;

Le péché, le remords allaient flétrir mon ame,
Ta grâce lui rendit le calme et le repos.

7. Jusqu'au dernier soupir, à tout âge, en tous lieux,
J'exalterai, Seigneur, ta bonté si féconde;
Au-delà des tombeaux, au sein d'un autre monde,
Je reprendrai, Seigneur, ce sujet glorieux.

8. Que la nature expire, et que l'astre du jour
S'abîme, dépouillé de chaleur, de lumière;
Mon ame survivant à la nature entière,
T'offrira son tribut de louange et d'amour.

---

16. Air N°. 4 : *An Wasserflüssen Babylon.*

1. Malgré le sombre nuage
Qui te cache à ton enfant,
Seigneur, ton auguste ouvrage
Décèle un bras tout-puissant.
De ta sagesse adorable
Tout porte le sceau durable,
O père de charité!
Dans l'étonnante structure
De la moindre créature,
J'adore ta majesté.

2. Tout t'annonce, la parure
Dont tu revêts les saisons,
La fraîcheur de la verdure,
Le luxe de nos moissons.
J'entends ta voix dans l'orage,
Ton souffle dans le feuillage
Qu'agite l'aile du vent ;
Et la nature est un temple
Où j'adore, où je contemple
Un Dieu bon, sage et puissant.

3. J'habiterai donc sans crainte
Les parvis de l'univers ;
Partout dans sa vaste enceinte,
Je vois le Dieu que je sers.
Que le soleil ressuscite,
Qu'il marche ou se précipite
Dans les abîmes des eaux,
Mon père est présent, il veille
Lorsque son enfant sommeille,
Lorsqu'il reprend ses travaux.

4. Sous ses yeux l'ame sensible
Et s'épure et s'ennoblit ;
Sa voix la rend invincible,
Quand le combat l'affaiblit !
Voix douce, voix consolante,
Tu ne jettes l'épouvante

Que dans l'ame du pécheur.
Mais que craindrait le fidèle
Qui, sur toi, règle avec zèle
Les mouvemens de son cœur!

---

17. AIR N°. 32 (*du Ps. CIII*).

1. Bénis ton Dieu, mon ame, en toute chose,
Lui, sur qui seul ton attente repose;
Chante son nom sans te lasser jamais;
Que tout en moi célèbre sa puissance;
Surtout, mon ame, exalte sa clémence,
Et souviens-toi de ses nombreux bienfaits.

2. C'est ce grand Dieu, dont les riches largesses
Comblent de biens ceux qui, sur ses promesses,
Fondent l'espoir d'un heureux avenir:
Aux affligés il est doux et propice,
Et, tous les jours, sa suprême justice
Montre qu'il sait et sauver et punir.

3. Si quelquefois, abusant de sa grâce,
Nous l'offensons, il châtie, il menace;
Mais il retient les coups de sa rigueur.
Autant qu'est loin le couchant de l'aurore,
Ce Dieu clément, quand notre cœur l'implore,
Met loin de lui les crimes du pécheur.

4. Comme, à son fils, un père est doux et tendre,

Si notre cœur vient au Seigneur se rendre,
Il nous reçoit avec compassion ;
Car il connaît la faiblesse des hommes ;
Il sait, hélas ! il sait que nous ne sommes
Que poudre et cendre, et que corruption.

5. Les jours de l'homme à l'herbe je compare,
Dont à nos yeux la campagne se pare ;
Qu'un court moment voit germer et mûrir,
Et qui soudain, de l'aquilon battue,
Tombe, se fane, et n'est plus reconnue
Même du lieu qui la voyait fleurir.

6. Mais tes faveurs, grand Dieu ! sont éternelles
Pour qui t'invoque ; et les ames fidèles
De siècle en siècle éprouvent ta bonté.
Tu gardes ceux qui marchent dans ta crainte,
Ceux dont le cœur s'attache à ta loi sainte,
Tous ceux enfin qui font ta volonté.

7. Unissez-vous pour chanter ses louanges,
Esprits heureux, chœurs immortels des anges,
Qui contemplez sa face dans les cieux ;
Bénissez Dieu, peuples de ce bas monde,
Vous cieux, toi terre, en mille biens féconde,
Bénis-le aussi, toi mon ame, avec eux.

18. Air N°. 39 : *Sollt ich meinem Gott nicht singen.*

1. Mon ame, exaltons la gloire
De Dieu notre créateur,
Et conservons la mémoire
De sa touchante faveur.
Il guide par sa sagesse
Son fidèle adorateur,
Il rend le calme à son cœur
Au plus fort de la détresse;
Tout prend fin, mais sa bonté
Dure à perpétuité.

2. Comme l'aigle étend ses ailes
Sur ses aiglons impuissans,
Par ses bontés paternelles
Dieu protège ses enfans;
Dès mon entrée en ce monde,
Par son céleste secours,
Il a conservé mes jours,
Et sur moi sa grâce abonde;
Tout prend fin, mais sa bonté
Dure à perpétuité.

3. Pour montrer combien il m'aime;
De son fils il me fait don;
Il l'expose à la mort même
Pour m'assurer mon pardon.

O mystère impénétrable
Où l'esprit le plus profond
Et se perd et se confond !
En Dieu tout est ineffable :
Tout prend fin, mais sa bonté
Dure à perpétuité.

4. La nuit, lorsque je sommeille,
Il prend soin de mon bonheur ;
Le matin, quand je m'éveille,
De joie il remplit mon cœur.
Tendre et charitable père,
Il préside à mes destins ;
Je coule des jours sereins
Sous sa garde tutélaire.
Tout prend fin, mais sa bonté
Dure à perpétuité.

5. Grand Dieu, puisque ta tendresse
Est sans bornes envers moi ;
Plein d'une vive allégresse
J'élève mon ame à toi.
Assiste-moi de ta grâce
Constamment jusqu'au trépas,
Afin qu'après mes combats
J'aille contempler ta face,
Et célébrer ta bonté
Dans l'heureuse éternité.

19. Air No. 26 : *Nun ruhen alle Wälder.*

1. O sage Providence !
Je mets ma confiance
En tes divins décrets.
J'admire ta puissance,
Je bénis ta clémence
Qui me comble de ses bienfaits.

2. En sources d'allégresse
Ta profonde sagesse
Vient convertir nos pleurs :
Quand le mal est extrême,
C'est ta force suprême
Qui nous soutient dans nos douleurs.

3. Oui, tout ce qui respire
Atteste ton empire,
Est l'objet de tes soins :
Dieu ! ta main paternelle
Ne négligerait-elle
Que tes enfans dans leurs besoins.

4. O sage Providence !
Je mets ma confiance
En tes divins décrets ;
J'attends de ta puissance

Les dons que ta clémence
Prépare à mes justes souhaits.

---

20. Air N°. 7 : *Befiehl du deine Wege.*
Ou airs des Ps. CXXVIII ou CXXX.

1. Grand Dieu, ta Providence
Dirige notre sort;
Seule elle nous dispens
Et la vie et la mort.
Source d l'abondance
Elle répand, Seigneur,
La paix et l'espérance
Au fond de notre cœur.

2. Souvent impénétrable
Dans ses profonds desseins,
Mais toujours favorable
Au peuple de tes saints ;
Elle cache ses traces
Aux fragiles mortels ;
Mais chaque jour ses grâces
Méritent des autels.

3. Sans toi mon industrie
Ne peut me soutenir ;
Dieu, source de ma vie,
Seul tu peux la bénir !

Seul, ô céleste Père !
Tu peux compter mes jours ;
Prolonger ma carrière,
En terminer le cours.

4. Divine Providence !
J'adore tes décrets ;
Plein de reconnaissance
J'exalte tes bienfaits.
Tu sais mieux que moi-même
Ce qui fait mon bonheur ;
Ta sagesse suprême
A rassuré mon cœur.

---

21. Air N°. 27 : *Nun lob mein Seel den Herren.*

1. Que l'univers s'empresse
A bénir Dieu son créateur !
Célébrons sa sagesse,
Et sa puissance et sa grandeur !
Sa main sur notre vie
Répand mille faveurs ;
Sa tendresse infinie
Adoucit nos malheurs ;
Sa divine clémence
Nous comble de bienfaits,
Et sa munificence
Remplit tous nos souhaits.

2. Sa céleste sagesse,
Même en punissant ses enfans,
Epargne à leur faiblesse
De trop sévères châtimens.
Il supporte en bon père
L'ouvrage de ses mains;
Il connaît, il tolère
Les fautes des humains.
A tout mortel coupable
Qui lui rouvre son cœur,
Sa grâce inépuisable
Pardonne son erreur.

3. Tout se détruit, tout passe
Tout est sujet au changement;
Mais Dieu seul et sa grâce
Subsistent éternellement.
Sans ce céleste Père,
Que serions-nous, hélas!
Enfans de la poussière,
La tombe est sous nos pas.
Lui seul nous en délivre,
Seul il est notre appui;
Ah! faisons vœu de vivre
Uniquement pour lui.

22. Air N°. 28 : *O Gott du frommer Gott.*
Ou N°. 29 *ou* 30.

1. Le mortel oubliant sa profonde ignorance,
Méconnaît de son Dieu l'adorable science ;
Aveugle en ses désirs, l'orgueil ambitieux
Veut sortir de sa sphère et s'élever aux cieux.

2. Réglé selon son plan, tout serait en ce monde
Dans un concert parfait, dans une paix profonde;
Il eût voulu que l'homme, ami de la vertu,
De désirs vicieux ne fût point combattu.

3. Il eût voulu que l'air n'eût jamais de nuages,
Que le calme des mers ne connût point d'orages,
Que l'homme exempt de maux, heureux sans nul
effort,
Des célestes esprits eût partagé le sort.

4. Mais ce qui semble un mal à notre faible vue,
Est de notre bonheur une source inconnue;
Ce qui paraît hasard est l'effet d'un dessein
Qui soustrait à nos yeux son principe et sa fin.

5. Reconnais donc, mortel, l'adorable puissance
Qui dérobe son art à l'humaine ignorance;
Rougis de ton orgueil, de ta présomption,
Et ne nomme plus l'ordre une imperfection.

6. Ce qui dans l'univers te révolte et te blesse,

Forme un parfait accord qui passe ta sagesse;
Rentre donc en toi-même, et d'un esprit soumis,
Contente-toi du rang où l'Éternel t'a mis.

---

23. AIR N°. 52 : *Du Klagst und fühlest die Beschwerden.*

1. PLEIN d'ignorance et de misères,
Pourquoi, mortel audacieux!
Veux-tu, sur de profonds mystères,
Porter un œil trop curieux?

2. Crois-tu que ton faible génie
Pourra dévoiler les secrets
De l'intelligence infinie;
Et sonder ses divins décrets?

3. Où t'emporte l'ardeur extrême
De tout comprendre, de tout voir?
Tu ne te connais pas toi-même,
Peux-tu prétendre tout savoir?

4. Que te sert la vaine science
Dont on voit les mortels imbus,
Si Dieu ne met dans la balance
Que les crimes et les vertus?

5. Heureux le cœur pur et docile
Qui, sans raisonner sur la loi,
Sait conformer à l'Évangile
Ses vœux, sa conduite et sa foi!

6. Laisse la sagesse éternelle
Gouverner le monde à son gré;
Qu'il te suffise, ame fidèle,
De révérer sa majesté.

---

24. Air Nº. 28 : *O Gott du frommer Gott.*
Ou Nº. 29 ou 30.

1. Mortel, vers l'avenir ton ame toute entière
S'élance, tu voudrais en sonder le mystère;
Mais, d'un nuage épais pour nous toujours couvert,
Le livre des destins pour Dieu seul est ouvert.

2. Ce qu'il cache à la brute, à l'homme il le révèle;
Et ce qu'il cache à l'homme, à l'ange il le décèle.
Si les humains du sort prévoyaient la rigueur,
Ah! pourraient-ils goûter les bienfaits du Seigneur!

3. Salutaire ignorance, heureuse incertitude,
Qui cache l'avenir à notre inquiétude!
Secret que l'Éternel renferme dans son sein
Pour conduire tout être à remplir son destin!

4. Joignons donc à l'espoir une humble défiance;
Redoutons les écarts d'une vaine science;
Attendons que la mort, en nous ouvrant le ciel
Découvre à nos regards les plans de l'Éternel.

5. Ce qui doit m'arriver, ô mon souverain maître!
Je me soumets sans peine à ne le point connaître;
Je te bénis, Seigneur, de me l'avoir caché;
Tu m'as, par ce secret, à la vie attaché.

6. J'admire ta bonté, j'admire ta sagesse;
Et comptant pour jamais sur ta vive tendresse,
Je remets avec joie, ô Père des humains,
Et ma vie et mon sort en tes puissantes mains.

DÉLIVRANCES DIVINES.

25. Air N°. 4 : *An Wasserflüssen Babylon.*

1. J'ai vu mes tristes journées
Décliner vers leur penchant;
Au midi de mes années
Je touchais à mon couchant;
La mort déployant ses ailes,
Couvrait d'ombres éternelles
La clarté dont je jouis :
Et, dans cette nuit funeste,
Je cherchais en vain le reste
De mes jours évanouis.

2. Ah! grand Dieu! ta main réclame
Les dons que j'en ai reçus :
Elle vient couper la trame
Des jours qu'elle m'a tissus.

Mon dernier soleil se lève ;
Déjà ton souffle m'enlève
De la terre des vivans ;
Comme la feuille séchée,
Qui, de sa tige arrachée,
Devient le jouet des vents.

3. Mon ame est dans les ténèbres ;
Mes sens sont glacés d'effroi :
Ecoute mes cris funèbres,
Ah ! Dieu juste, réponds-moi !
Mais enfin, ta main propice
A comblé le précipice
Qui s'entr'ouvrait sous mes pas.
Ton secours me fortifie,
Et me fait trouver la vie
Dans les horreurs du trépas.

4. Seigneur, il faut que la terre
Connaisse en moi tes bienfaits :
Non, tu ne m'as fait la guerre
Que pour me donner la paix.
Heureux l'homme à qui la grâce
Départ ce don efficace
Puisé dans tes saints trésors,
Et qui, rallumant sa flamme,
Trouve la santé de l'ame
Dans les souffrances du corps !

5. C'est pour sauver la mémoire
De tes immortels secours ;
C'est pour toi, c'est pour ta gloire
Que tu prolonges nos jours.
Non, non, tes bontés sacrées
Ne seront point célébrées
Dans l'horreur des monumens.
La mort aveugle et muette
Ne sera pas l'interprète
De tes saints commandemens.

6. Mais ceux qui de sa menace,
Comme moi, sont rachetés,
Annonceront à leur race
Tes célestes vérités.
J'irai, Seigneur, dans tes temples,
Réchauffer par mes exemples,
Les mortels les plus glacés,
Et te rendre mon hommage
En te consacrant l'usage
Des jours que tu m'as laissés.

---

26. Air N°. 18 : *In dich hab ich gehoffet.*

1. Lorsque l'orage fond sur toi,
O mon cœur, calme ton effroi !
Invoque Dieu, ton père !

Son bras puissant - En un moment,
Peut finir ta misère.

2. Tous les malheurs dont tu gémis,
C'est ton Dieu qui les a permis;
Respecte sa sagesse;
Il l'a voulu. - Sois résolu
A souffrir sans faiblesse.

3. Ce Dieu, du sein de la douleur,
Peut faire jaillir ton bonheur;
Attends sa délivrance;
Quiconque en lui-Cherche un appui,
Eprouve sa clémence.

4. Des peines qui l'ont désolé,
Bientôt le juste est consolé;
Dieu calmant ses alarmes,
A ses travaux - D'un doux repos
Fait succéder les charmes.

UTILITÉ DES MALHEURS.

27. Air N°. 49 : *Wie gross ist des Allmâcht'gen.*
Ou N° 50 *ou* 51 *(air du Ps. CXVIII).*

1. Les peines que ta main dispense
Epurent notre foi, Seigneur;
Puis ta céleste Providence
Nous rend son antique faveur.
Bientôt, délivrés par ta grâce,

Nous voyons des jours plus heureux;
Et prosternés devant ta face,
Nous te renouvelons nos vœux.

2. Reçois ces vœux qu'en ta présence
Notre humble voix a prononcés;
Qui t'exprimaient notre souffrance
Aux jours de nos malheurs passés :
Nous venons, Dieu saint et propice!
Avec ferveur te les offrir;
Et par des œuvres de justice,
Nous engager à te servir.

3. Vous qui révérez la puissance
De l'Éternel mon bienfaiteur,
Chantez avec moi sa clémence,
Et son amour et sa grandeur!
Pour mon salut il me châtie;
Mais, dès qu'avec zèle, avec foi,
Mon cœur devant lui s'humilie,
Aussitôt il revient à moi.

4. Dès que vers lui je me retire,
Aussitôt il me tend la main;
Et le secours que je désire,
Mon Dieu me l'accorde soudain.
Bénis donc ce grand Dieu, mon âme!
Lui qui m'a toujours écouté;

Lui qui, lorsque je le réclame,
Comble mes vœux par sa bonté.

---

28. Air N°. 4 : *An Wasserflüssen Babylon.*

1. Quelle grâce tu m'as faite
En punissant mes erreurs !
Je vois ta bonté parfaite
Dans mes plus cruels malheurs.
Les peines que tu m'envoies
Me ramènent dans les voies
De tes saintes volontés :
Tu m'apprends, souverain Maître !
Tu m'apprends à reconnaître
Le prix des adversités.

2. De ton jugement sévère
Je reconnais l'équité;
J'ai subi, céleste Père !
L'arrêt que j'ai mérité.
Détourne à présent ta face
De mes fautes; que ta grâce
M'accorde encor d'heureux jours !
Je ne veux en faire usage
Que pour t'aimer davantage,
Et pour te servir toujours.

3. Dieu, ta justice n'accable

Que les pécheurs endurcis ;
Pour moi, plus je fus coupable,
Plus je te serai soumis.
Oui, je veux à l'innocence
Consacrer mon existence ;
Qu'elle soit tout mon bonheur !
Qu'en ta loi je persévère,
Et que rien jamais n'altère
La pureté de mon cœur !

---

29. AIR N°. 39 : *Sollt ich meinem Gott nicht singen.*

1. L'ÉTERNEL seul me console
Au jour du plus grand malheur ;
Par sa céleste parole
Il dissipe ma frayeur ;
Lorsque mon cœur le réclame,
Il se rapproche de moi ;
L'amour, l'espoir et la foi
Viennent rassurer mon âme ;
L'Éternel est mon Sauveur,
Mon guide et mon protecteur.

2. Les châtimens qu'il m'inflige
N'ont pour but que mon bonheur ;
Il ne veut, lorsqu'il m'afflige,
Que purifier mon cœur ;
Par l'épreuve, il me détache

Des vanités d'ici-bas;
A leurs perfides appas
Bientôt mon ame s'arrache;
L'Éternel est mon Sauveur,
Mon guide et mon protecteur.

3. Comme un bon et sage père
Qui corrige son enfant,
Même en se montrant sévère,
L'aime toujours tendrement;
Ainsi quand Dieu me châtie,
C'est toujours avec douceur;
Pour me tirer de l'erreur,
Son bras puissant m'humilie.
L'Eternel est mon Sauveur,
Mon guide et mon protecteur.

4. La douleur et la tristesse
Sont un utile secours
Que sa divine sagesse
Dispense et règle toujours;
Mais, comme l'hiver fait place
Aux doux rayons du printemps,
De même, après mes tourmens,
Dieu tourne vers moi sa face;
Il se montre mon Sauveur,
Mon guide et mon protecteur.

30. AIR N°. 12 : *Freu dich sehr, o meine Seele.*
Air du Ps. XLII, ou N°. 13.

1. O DIEU, montre-moi la voie
Qui seule conduit à toi ;
Fais que je marche avec joie
Dans les sentiers de la foi !
Fais que je suive toujours,
Soutenu par ton secours,
De ta loi divine et pure
La route céleste et sûre !

2. Souviens-toi de ta clémence !
Tu l'exerças de tout temps ;
Prends pitié de ma souffrance !
C'est ta grâce que j'attends.
Oui, daigne encor me bénir !
Mets loin de ton souvenir,
Seigneur ! selon ta promesse,
Les péchés de ma jeunesse.

3. Dieu fut toujours charitable,
En tout temps il le sera ;
Et du pécheur misérable
La voie il redressera.
Il fera tenir aux bons,
En les comblant de ses dons,

Une conduite innocente,
Et remplira leur attente.

4. La vérité, la clémence,
Sont les sentiers du Seigneur,
Pour qui de son alliance
A su garder la teneur.
Dieu tout-puissant et tout bon,
Accorde-moi mon pardon !
Seigneur, malgré mon offense,
J'ose implorer ta clémence.

5. Qui craint Dieu, qui veut bien vivre,
Jamais ne s'égarera ;
Car au chemin qu'il doit suivre,
Dieu même le conduira.
Exempt de vice et d'erreur,
Il entendra sans terreur,
Au terme de sa carrière,
Sonner son heure dernière.

6. L'Éternel se communique
A ceux dont les cœurs sont droits ;
A qui le craint il explique
Ses mystères et ses lois.
Les méditant tous les jours,
J'attends, mon Dieu, ton secours ;
Et mes yeux, dans ma faiblesse,
Se fixent sur toi sans cesse.

7. Tourne donc vers moi ta face,
Quand tu m'affliges, Seigneur!
Et des trésors de ta grâce
Enrichis mon triste cœur!
O, dans toute adversité,
Soutiens mon intégrité!
Que ton bras soit ma puissance,
Ma force et ma délivrance!

RÉDEMPTION.

MISSION DE J.-C. ET SA VENUE EN CHAIR.

31. AIR *N°. 28 : O Gott du frommer Gott.*
Ou N°. 29 ou 30.

1. DIEU touché de nos cris et de notre misère,
Dans nos pressans besoins s'est montré notre père:
Béni soit à jamais le grand Roi d'Israël,
L'auteur de tous nos biens, le Seigneur, l'Éternel!

2. Pour rassurer nos cœurs, ce Dieu tendre et propice
A fait lever sur nous le soleil de justice;
Dans ses compassions il nous a visités,
Par son fils adorable il nous a rachetés.

3. Trop long-temps l'ignorance, en mille maux féconde,
Des ténèbres du crime avait couvert le monde;

Le Seigneur les dissipe, il fait d'un jour nouveau
Briller sur l'univers le céleste flambeau.

4. Vos yeux seront ouverts à sa vive lumière,
Vous connaîtrez un Dieu; vous connaîtrez un père,
Peuples qui gémissez dans l'ombre de la mort!
Vous verrez s'adoucir votre funeste sort!

5. Reçois donc désormais les vœux de tes fidèles!
Couvre ton peuple saint de l'ombre de tes ailes!
Comble, divin Sauveur, nos cœurs de tes bienfaits,
Et viens guider nos pas au chemin de la paix!

---

32. Air N°. 49 : *Wie gross ist des Allmæcht'gen.*
Ou N°. 50 *ou* 51 (*air du Ps. CXVIII*).

1. Peuples, célébrez les louanges
Du Roi de la terre et des cieux;
Qui, du haut du séjour des anges,
Sur nous daigne jeter les yeux!
Il nous manifesta sa grâce,
Quand pour nous il donna son fils,
Et que la splendeur de sa face
Vint éclater sur les Gentils.

2. Oui, de sa promesse éternelle
Il conserve le souvenir:

Et sa clémence paternelle
Se plaît sans cesse à nous bénir.
Le salut que Dieu nous envoie,
Jusqu'au bout du monde s'est vu ;
Que de gratitude et de joie
L'univers entier soit ému !

3. Le Christ vient gouverner le monde,
Selon le droit et l'équité ;
En tous lieux, d'une main féconde,
Il répand la félicité ;
Que ses rachetés le bénissent
Dans leurs concerts mélodieux !
Et que tous les peuples s'unissent.
Pour chanter son nom glorieux !

---

33. Air N° 7 : *Befiehl du deine Wege.*
Ou air du Ps. CXXVIII ou CXXX.

1. Dieu se montre propice
Aux malheureux pécheurs ;
Son soleil de justice
Se lève sur nos cœurs.
Son saint fils nous rappelle
Aux sentiers de la paix ;
Sa bonté paternelle
Accomplit nos souhaits.

2. Si nos péchés remplissent
Nos ames de frayeur;
Si nos cœurs en gémissent,
Recourons au Sauveur.
Il accorde sa grâce
Aux pécheurs convertis;
Il vient marquer leur place
Au rang de ses amis.

3. Il dégage ma tête
D'un joug pesant et vil;
Il change en jours de fête
Les jours de mon exil;
Juste et souverain juge
Des vivans et des morts,
Il sera le refuge
Des membres de son corps.

4. Dans ce temps salutaire,
Viens donc, divin Sauveur,
D'une ferveur sincère
Embraser notre cœur!
Ranime notre zèle!
Rends-nous participans
De la gloire éternelle
Promise à tes enfans!

34. Air N°. 19 : *Kommt her zu mir spricht.*
(*Ou, n réunissant deux versets, air du Ps. XXXVI*).

1. Unissons nos cœurs et nos voix
Pour célébrer le Roi des Rois,
Notre céleste Père !
Il nous comble de ses bienfaits;
Son saint fils apporte la paix
Aux peuples de la terre.

2. Consacrons nos pieux concerts
Au Rédempteur de l'univers;
Que son nom d'âge en âge
Brille d'un éclat immortel !
Et qu'en la terre comme au ciel
Tous lui rendent hommage !

3. Chantons à jamais sa grandeur !
Mêlons, pleins d'une sainte ardeur,
Nos voix aux voix des anges :
Christ est digne de recevoir
Honneur, et triomphe, et pouvoir,
Force, gloire et louanges.

4. A notre divin bienfaiteur,
Chrétiens, consacrons notre cœur;
Vouons notre existence
Au Père, au Fils, à l'Esprit saint;

Qu'avec nous, tout le genre humain
Célèbre sa clémence !

---

35. Air No. 34 : *Que de Jésus la vie est belle.*

1. Le Christ accomplit de son Père
Les vœux, les décrets éternels ;
Pour sauver les faibles mortels,
Il vient partager leur misère.

2. De notre cœur il fait son temple ;
Il vient éclairer notre esprit,
Et des vertus qu'il nous prescrit
Lui-même nous donner l'exemple.

3. Il prend le nom de notre frère,
Il nous prodigue ses faveurs ;
Il montre à ses persécuteurs
Du ciel la route salutaire.

4. Pécheur, il n'est rien qu'il ne fasse
Pour te toucher, te convertir ;
Il n'attend que ton repentir
Pour te faire éprouver sa grâce.

5. Enfin, rassurant le fidèle
Au sein du plus cruel malheur,
Il vient inspirer à son cœur
L'espoir d'une gloire immortelle.

6. O toi qu'une erreur trop funeste
Entraîna loin de ton Sauveur !
Reviens à lui ! rouvre ton cœur
Aux accens de sa voix céleste !

7. Marche avec foi, marche avec zèle
Sur les pas de ton Rédempteur !
Tu ne parviendras au bonheur
Qu'en le prenant pour ton modèle.

8. Ne permets pas qu'un monde impie
Me détourne de toi, Seigneur !
Pourrais-je lui vouer un cœur
Qui te doit sa paix et sa vie ?

9. Non, Jésus Sauveur adorable !
Je veux te consacrer mes jours ;
Daigne, en m'accordant tes secours,
A mes vœux être favorable.

FÊTES DE NOËL.

(Veille de Noël.)

36. Air No. 10 : *Ermuntre dich o ein schwacher.*
Ou No. 11.

1. Forme, ô chrétien, du fond du cœur
Le projet salutaire
De t'approcher du Rédempteur
Qui descend sur la terre !

Voici la nuit où l'Eternel,
Pour sauver l'homme criminel
De sa misère extrême,
Lui donna son fils même.

2. Heureuse et salutaire nuit!
A nulle autre semblable :
Par toi quel jour brillant reluit!
Quel bonheur ineffable!
J'y vois le vainqueur de la mort,
Mon chef, mon guide, le Dieu fort,
Jésus dont la clémence
Egale la puissance.

3. Adorable et céleste enfant!
Roi juste et débonnaire!
Je te préfère infiniment
A tout bien de la terre.
O toi mon souverain bonheur!
Soulage et console mon cœur!
Viens, Jésus, dès cette heure,
Y fixer ta demeure!

4. A la grandeur de tes bienfaits,
Mon Rédempteur, mon frère!
Mon âme, sensible à jamais,
Ne songe qu'à te plaire.
Je te consacre, ô Jésus Christ!
Mon corps, mes désirs, mon esprit;

Je te fais la promesse
De t'obéir sans cesse.

---

37. Air N°. 49 : *Wie gross ist des Allmächt'gen.*
Ou N°. 50 *ou* 51 (*air du Ps. CXVIII*).

1. Faisons éclater notre joie,
Et louons notre bienfaiteur !
Le Père éternel nous envoie
Son bien-aimé pour Rédempteur.
D'une Vierge chaste et féconde,
Un enfant divin nous est né ;
Aujourd'hui le Sauveur du monde,
Le Fils de Dieu nous est donné !

2. En lui la suprême puissance
S'allie à la fragilité ;
Une éternelle et pure essence
S'unit à notre infirmité.
Semblable à nous il voulut naître
Sous la forme d'un serviteur ;
Mais dès-lors même on vit paraître
Les premiers traits de sa grandeur.

3. Du Père la gloire adorable
Eclaire son humble berceau ;
Sur cet enfant incomparable
On voit luire un astre nouveau.
Déjà les hymnes des saints anges

Remplissant l'espace des airs,
Célèbrent, avec ses louanges,
Celles du Dieu de l'univers.

4. De nos chants joignons l'harmonie
A leurs concerts mélodieux !
Louons le prince de la vie
Qui vient se montrer à nos yeux !
Oui, gloire au charitable Père,
Qui nous rend sa céleste paix !
Que tout mortel, d'un cœur sincère,
Le serve et l'adore à jamais !

---

38. Air N°. 47 : *Wer nur den lieben Gott lässt.*
Ou N°. 48.

1. Les saints oracles s'accomplissent,
Le Sauveur naît en Israël :
La terre et les cieux retentissent
Des louanges de l'Éternel.
Tout l'univers chante en ce jour,
Grand Dieu ! le fils de ton amour.

2. Il n'en est pas moins adorable
Quoiqu'il abandonne les cieux;
Pauvre, et couché dans une étable,
Il n'en est pas moins glorieux :
L'éclat de sa divinité
Brille dans son humilité.

3. S'il quitte la gloire suprême,
C'est pour nous qu'il veut s'en priver :
S'il vient s'humilier lui-même,
C'est afin de nous élever :
S'il s'anéantit à nos yeux,
C'est pour nous reconduire aux cieux.

4. Chrétiens, publions ses louanges !
Unissons-nous pour l'honorer !
Partageons avec les saints anges
Le bonheur de le célébrer !
Faisons retentir notre voix
A la gloire du Roi des Rois !

5. Gloire au Très-Haut ! paix aux fidèles
Ramenés à leur Créateur !
Par des louanges immortelles
Qu'ils célèbrent leur Rédempteur !
Que partout il soit adoré,
Obéi, craint et révéré !

---

39. AIR N°. 49 : *Wie gross ist des Allmächt'gen.*
Ou N°. 50 ou 51 (air du Ps. CXVIII).

1. RÉJOUIS-TOI, peuple fidèle !
Ton Rédempteur descend des cieux ;
Reconnais sa gloire immortelle !
Elle va briller en tous lieux :

Vous nous annoncez sa naissance,
Ministres saints du Roi des Rois !
De sa grâce, de sa puissance,
Déjà vous publiez les droits !

2. Sous le voile de la faiblesse
Jésus conserve sa grandeur;
La terre avec le ciel s'empresse
A lui rendre un suprême honneur:
C'est le Christ, le Sauveur du monde,
Le monde entier doit l'honorer;
Dans son obscurité profonde
Tout nous apprend à l'adorer.

3. Déjà les régions lointaines
Pour Christ ont des adorateurs;
Un jour à ses lois souveraines
Il doit soumettre tous les cœurs.
De l'Orient on voit les sages
Lui porter leurs oblations;
Prémices saintes des hommages
Que lui doivent les nations.

4. Divin Rédempteur de nos ames,
Nous te célébrons en ce jour !
Allume en nous les saintes flammes
De la ferveur et de l'amour !
Tu règnes sur toute la terre,
Viens surtout régner dans nos cœurs,

Et du haut du trône du Père
Sur nous répandre tes faveurs !

---

40. Air No. 53 : *Was sorgst du ängstlich.*

1. Seigneur ! notre reconnaissance
Vient célébrer en ta présence
Le plus auguste souvenir ;
Le jour où Jésus devait naître
Pour nous apprendre à te connaître,
Pour nous apprendre à te bénir.

2. Il est né, l'erreur est détruite ;
Le Seigneur en tous lieux habite
Et tous les peuples lui sont chers ;
Maître de toute la nature,
Il aime chaque créature,
Et rend heureux tout l'univers.

3. Il est né ; sa loi charitable
Ramène au culte véritable
L'homme qui s'en est écarté.
Dieu ne veut plus de vaine offrande,
C'est notre cœur qu'il nous demande,
C'est l'amour et la piété.

4. Il est né ; par lui rassurée,
De son immortelle durée
Notre ame peut se réjouir ;

Le doute fuit, elle s'élance
Sur les ailes de l'espérance,
Au sein d'un heureux avenir.

---

41. Air N°. 43 : *Vom himmel hoch.*
Ou airs des Psaumes C, CXXXI ou CXXXIV.

1. Graces et gloire à l'Éternel !
Le Rédempteur descend du ciel ;
Il vient nous combler des bienfaits
De la lumière et de la paix.

2. Sois béni ! fils de l'Eternel !
Sauveur de l'homme criminel !
Au lieu d'encens, au lieu de fleurs,
Reçois l'offrande de nos cœurs !

3. Qu'il est auguste ! qu'il est beau !
Le jour où, près de ton berceau,
J'adore la Divinité
Réunie à l'humanité !

4. Tu viens, Sauveur, non pour juger
Le monde, mais pour l'éclairer ;
Pour montrer à la piété
Son bonheur dans l'éternité.

5. Sois béni ! fils de l'Éternel !
Toi qui nous as rouvert le ciel !

Au lieu d'encens, au lieu de fleurs,
Reçois l'offrande de nos cœurs.

---

42. AIR No. 47 : *Wer nur den lieben Gott lässt.*
Ou No. 48.

1. LE ciel enfin tarit nos larmes ;
Compatissant à nos malheurs,
Il va terminer nos alarmes
Et rendre la vie aux pécheurs.
Mortels, renaissez au bonheur !
Le ciel vous envoie un sauveur.

2. Christ, de la gloire souveraine
Quittant le bienheureux séjour,
Des traits de la faiblesse humaine
Se revêt en cet heureux jour.
Mortels, renaissez au bonheur !
Le ciel vous envoie un sauveur.

3. Cherchez ce sauveur charitable,
Cherchez-le d'esprit et de cœur !
Il n'est point de bien véritable
Pour qui s'éloigne du Seigneur.
Mortels, renaissez au bonheur !
Le ciel vous envoie un sauveur.

4. Mais, en célébrant sa naissance,
Venez avec sincérité

Lui consacrer votre existence
Et professer sa vérité !
Mortels, renaissez au bonheur !
Le ciel vous envoie un sauveur.

---

43. AIR N°. 5 : *Alle Menschen müssen sterben.*
Ou N° 6.

1. CÉLÉBRONS le Roi de gloire
Qui vient sauver l'univers !
De l'hymne de la victoire
Faisons retentir les airs !
Qu'à bénir Dieu tout s'empresse !
Livrons-nous à l'allégresse !
Que ce jour est fortuné !
Christ, le Sauveur nous est né.

2. L'homme, devenu rebelle,
Avait mérité la mort ;
D'une misère éternelle
Il devait subir le sort.
Sans cette heureuse naissance,
Le péché, de sa puissance,
Accablait tout l'univers :
Le Sauveur brise nos fers.

3. Du ciel la juste colère
Va se calmer désormais ;
Le Fils unique du Père

Vient nous apporter la paix.
Pour expier notre offense,
Il descend, sous l'apparence
D'un homme faible et mortel,
Du trône de l'Eternel.

4. Trop souvent, hélas ! le vice
Egara nos faibles cœurs ;
Ramenés à la justice,
Nous voulons fuir les erreurs.
Remplis de reconnaissance,
Nous vouons à l'innocence,
O Jésus ! tous nos instans :
Rends-nous fidèles, constans !

---

44. Air N°. 45 : *Wie herrlich strahlt der Morgenstern.*

1. Quel est cet astre radieux
Qui descend du plus haut des cieux ?
O fils du Dieu suprême !
Tu prends à toi l'humanité !
Tu voiles ta divinité
De ma faiblesse extrême !
Seigneur ! — Mon cœur
Te réclame :
A mon ame
Fais sans cesse
Sentir ta vive tendresse.

2. Tout pénétré de ton amour,
Je chante ta gloire en ce jour,
O sauveur de mon ame!
En t'abaissant jusques à moi,
Tu m'embrases, Seigneur, pour toi
D'une céleste flamme.
Tu fais—Ma paix,
Ta parole
Me console,
Ta souffrance
M'apporte la délivrance.

3. Par l'effet de sa charité,
Dieu voulut dès l'éternité
Que son fils fût mon frère.
Je m'attache à lui par la foi;
Il est mon maître, il est mon Roi,
Fondé sur lui, j'espère
Qu'étant—Constant
Et fidèle
Dans mon zèle,
Pour partage,
J'aurai du ciel l'héritage.

(Cantique de Siméon).

45. Air N° 19: *Kommt her zu mir.*
Ou, en réunissant deux versets, air du Ps. XXXVI.

1. Ah! laisse, Seigneur, désormais

Ton serviteur aller en paix !
Car, selon ta promesse,
Ta bonté fait voir à mes yeux
Ce Rédempteur venu des cieux,
Que j'attendais sans cesse.

2. Je l'ai vu cet Emmanuel !
Ce Rédempteur qui d'Israël
Va combler l'espérance !
Les peuples entendront ses lois ;
Tous ils vont rentrer à sa voix
Dans ta sainte alliance.

SOUFFRANCES ET MORT DE J.-C.

46. Air N°. 47 : *Wer nur den lieben Gott.*
Ou N°. 48.

1. Seigneur ! quel exemple admirable
Ta clémence nous a donné,
Lorsque, pour un peuple coupable,
A la mort tu t'es résigné !
Quel trait de ta divinité
Dans cet excès de charité !

2. Tu la prévis l'heure fatale,
Où tes ennemis furieux
Allaient, de leur haine infernale,
T'accabler, Sauveur généreux !

Mais rien, en ce jour plein d'horreur,
Ne put altérer ta douceur.

3. Victime d'une troupe altière
De criminels audacieux,
Tu fais à Dieu cette prière,
Digne d'un envoyé des cieux :
O mon père! pardonne-leur !
Leur crime est l'effet de l'erreur.

4. Quel calme, ô Jésus! quel courage
T'anime en ces momens affreux !
Lorsqu'un peuple aveuglé t'outrage,
Que tu parais grand à nos yeux !
Qui peut t'entendre ainsi prier
Sans s'attendrir, sans t'adorer !

5. Divin Sauveur ! quand je contemple
Ton corps à la croix attaché,
Mon cœur, frappé de ton exemple,
De mes malheurs est peu touché.
Que sont, au prix de tes tourmens,
Mes douleurs, mes gémissemens !

6. Ah ! viens m'apprendre à me soumettre
Aux décrets de mon Créateur !
Dans mes maux, fais-moi reconnaître
Les desseins d'un Dieu bienfaiteur !
Dans mes peines, viens m'enseigner,
O Jésus, à me résigner !

7. Daigne m'inspirer le courage
De tout endurer comme toi ;
Donne-moi, Seigneur, en partage
Et ta patience et ta foi !
Ne permets pas que la douleur
Ravisse ta paix à mon cœur !

---

47. Air No. 28 : *O Gott du frommer Gott.*
Ou No. 29 *ou* 30.

1. Célébrons par nos chants le Rédempteur du monde !
Admirons du Sauveur l'humilité profonde !
A la croix attaché, mourant pour nos forfaits,
Il nous rend par sa mort le salut et la paix.

2. Son trépas nous assure une vie immortelle ;
Son opprobre, une gloire immuable, éternelle ;
Il sauve, en expiant les crimes des pervers,
Les coupables mortels de l'horreur des enfers.

3. Qui noûs séparerait de Jésus et du Père !
Serait-ce le présent, l'avenir, la misère ?
Serait-ce la grandeur, le glaive, ou le péril ?
La vie ou le trépas, l'indigence ou l'exil ?

4. Non, rien ne saurait nuire à ceux dont la justice
Réside en Jésus-Christ, en son grand sacrifice ;
Rien ne saurait priver de l'éternel bonheur

Ceux qu'il daigna couvrir de son bras protecteur.

5. Je veux vivre en la foi du Fils du Dieu suprême;
Pour toi, divin Jésus ! je renonce à moi-même.
Tu n'as vécu, Seigneur ! tu n'es mort que pour moi,
Je ne désire plus de vivre que pour toi.

---

48. Air No. 7 : *Befiehl du deine Wege.*
Ou airs des Psaumes CXXVIII ou CXXX.

1. Auteur de ma justice !
Tu viens te dévouer
Au plus affreux supplice
Afin de me sauver.
Mon cœur, dans ta souffrance,
O divin Rédempteur !
Retrouve l'assurance
D'un éternel bonheur.

2. Ta mort expiatoire,
Seigneur, me rend la paix ;
J'en garde la mémoire,
J'en goûte les bienfaits.
Assurant l'héritage
Que tu promets aux tiens,

Ton sang est l'heureux gage
Du pardon que j'obtiens.

3. O toi dont la clémence
Assure mon salut,
De ma reconnaissance
Reçois l'humble tribut!
Jusqu'à ma dernière heure,
Sauveur qui meurs pour moi,
Fais que je te demeure
Attaché par la foi!

4. Ma course ainsi finie,
Ne m'abandonne pas!
Fais-moi trouver la vie
Dans l'ombre du trépas!
Dans ma faiblesse extrême
Signale ton pouvoir!
Que ta bonté suprême
Remplisse mon espoir!

---

49. Air No. 49 : *Wie gross ist des Allmächt'gen.*
Ou No. 50 ou 51 (air du Ps. CXVIII).

1. Quel triste aspect, ô Dieu mon père!
Jésus à la croix attaché
S'offre à ta justice sévère
Afin d'expier mon péché!

Tu l'as voulu, Père céleste!
Ainsi ta suprême bonté
A détourné le coup funeste
Que nous avions tous mérité.

2. Béni soit l'agneau sans souillure
Qui vient s'immoler sur la croix
Pour la coupable créature
Rebelle à ses divines lois!
Pour prix d'un si grand sacrifice,
Puissé-je, ô divin Rédempteur,
Me consacrant à ton service,
Te vouer à jamais mon cœur!

3. Fidèle à ta sainte doctrine,
Je t'adresserai tous mes vœux;
Tu possèdes la paix divine
Qui seule peut me rendre heureux.
Je veux t'imiter et te suivre,
Observer désormais tes lois;
Je veux en toi mourir, revivre,
Et chercher ma gloire en ta croix.

---

50. AIR N° 25 : *Nun ruhen alle Wälder.*

1. Tu vas donc au supplice
T'offrir en sacrifice,
Chargé de nos péchés!

Ainsi, Sauveur fidèle!
De la mort éternelle,
Par toi nous sommes préservés.

2. Mon amour se ranime,
Innocente victime!
Quand je te vois souffrir:
Hélas! peuple rebelle
Peuple ingrat, infidèle,
Nous méritions seuls de mourir.

3. De toi je viens apprendre
A souffrir, à ne rendre
Que le bien pour le mal:
Suivant ainsi ta trace,
Un jour j'obtiendrai grâce,
Seigneur, devant ton tribunal!

4. Consolante assurance!
Grand Dieu! par ta clémence
Je connais un Sauveur:
Sa doctrine, sa vie,
Sa mort, son agonie,
Ne cessent d'occuper mon cœur.

---

51. Air No. 5: *Alle Menschen müssen sterben.*
Ou No. 6.

1. Abattus en ta présence,

Auteur de notre salut !
De notre reconnaissance
Nous t'apportons le tribut.
Quelle clémence admirable !
Tu meurs, Sauveur adorable!
Tu souffres mille douleurs
Pour racheter les pécheurs.

2. Tu viens à la terre entière
Rendre la paix, le bonheur;
Mais, dans ta noble carrière,
Que de maux, divin Sauveur!
Nous ramener à ton Père,
Tel est ton saint ministère;
Tu l'accomplis, et tu meurs
Pour racheter les pécheurs.

3. Le soleil perd sa lumière,
Les ténèbres du trépas
Descendent sur le calvaire;
Peuple! il tremble sous tes pas!
Jésus-Christ, sanglant et pâle,
Meurt sur la croix; il exhale
Son ame dans les douleurs
Pour le salut des pécheurs.

4. O puisse ton sacrifice,
Céleste Médiateur!
En couvrant notre injustice,

Nous en inspirer l'horreur!
Puisses-tu, sainte victime,
Des hideux sentiers du crime,
Par ta mort, par tes douleurs,
Retirer tous les pécheurs!

---

52. AIR N°. 7 : *Befiehl du deine Wege.*
Ou airs des Psaumes CXXVIII ou CXXX.

1. D'UNE ame recueillie
Contemplons le Sauveur;
Il va perdre la vie,
O spectacle d'horreur!
Sous la croix qui l'accable
Il succombe, innocent;
Pour un monde coupable
Je vois couler son sang.

2. Chargé d'ignominie,
Abreuvé de douleurs.
Jésus pardonne, il prie
Pour ses persécuteurs.
En mourant il console,
Promet, ouvre les cieux;
Sa dernière parole
Fait encor des heureux.

3. O combien sa carrière
Était riche en bienfaits!

Sa mort donne à la terre
Le salut et la paix.
Elle fléchit mon Juge
Et me rend sa faveur;
La croix est mon refuge,
Ma gloire et mon bonheur.

---

53. Air No. 12 : *Freu dich sehr, o meine Seele.*
(*Air du Ps. XLII*) ou No. 13.

1. Sacrifice expiatoire !
Trépas, source de bonheur !
En toi seul je vois ma gloire :
La croix de mon Rédempteur,
Son amère passion,
Sa profonde affliction,
Pénètrent mon ame entière
D'une émotion sincère.

2. Que le mondain se confie
En son rang, en ses trésors !
Que par un abus impie
Il idolâtre son corps !
Je déplore son erreur;
De la croix de mon Sauveur,
De sa mort qui fait ma vie
Mon ame se glorifie.

3. C'est ton nom que je réclame,

O Jésus qui meurs pour moi !
Regarde en pitié mon ame,
Et viens calmer son effroi !
Dis-lui que tous ses péchés
A ta croix sont attachés ;
Que ta mort qui les expie
Devant Dieu me justifie.

4. O toi qui donnas ta vie
Pour me sauver du péché !
Fais, Seigneur, je t'en supplie,
Que du monde détaché,
Je te consacre mon cœur ;
Et qu'ainsi, divin Sauveur !
J'éprouve enfin de ta grâce,
La puissance et l'efficace.

---

54. Air N°. 3 : *Am Kreuz erblasst.*

1. Quelle douleur
Saisit mon cœur !
Il se trouble, il succombe,
Le Fils de Dieu, mon Sauveur,
Est mis dans la tombe.

2. Jésus est mort,
O triste sort !
Mais en donnant sa vie,

Par ce généreux effort
Il nous vivifie.

3. Homme pécheur,
Le séducteur
T'entraînait dans l'abîme ;
Pour t'en tirer, le Sauveur
Expire en victime.

4. Tu meurs pour moi,
Mon divin Roi !
Ah ! fais que dès cette heure
Je ne vive que pour toi,
Qu'au monde je meure.

FÊTES DE PAQUES.

55. AIR *N°. 28 : O Gott du frommer Gott.*
Ou N°. 29 ou 30.

1. JÉSUS a du Très-Haut appaisé la justice,
Il nous montre le ciel satisfait et propice;
Il triomphe en ce jour de l'horreur du tombeau.
Chantons à son honneur un cantique nouveau !

2. Pour nous sacrifiant son innocente vie,
Endurant sur la croix une peine infinie,
Il subit en héros la rigueur de son sort,
Et par son trépas même il enchaîna la mort.

3. Il est ressuscité, publions sa victoire !

Adorons sa grandeur et célébrons sa gloire !
Qu'avec nous les élus qui remplissent les cieux,
Exaltent par leurs chants son nom majestueux !

4. Du séjour de son père il nous ouvre l'entrée,
Suivons ses pas, chrétiens, d'une marche assurée !
Des objets d'ici-bas détachons notre cœur,
Et tous ressuscitons avec notre Sauveur !

5. Puissions-nous, enrichis de ta grâce ineffable,
Célébrer, ô Jésus ! ton pouvoir adorable !
Jusqu'au jour où, ta voix nous rappelant aux
cieux,
Nous unirons nos chants à ceux des bienheu-
reux.

---

56. Air N°. 49 : *Wie gross ist des Allmächt'gen.*
Ou N°. 50 *ou* 51 (*air du Ps. CXVIII*).

1. Vainqueur de l'enfer et du monde,
Le Fils de Dieu sort du tombeau;
Aux horreurs d'une nuit profonde
Succède le jour le plus beau :
La joie a fait fuir la tristesse.
Peuple heureux, peuple racheté !
Qu'aujourd'hui ta sainte allégresse
Chante Jésus ressuscité !

2. O dans cet auguste mystère,

Quels trésors, quels divins bienfaits!
Faibles habitans de la terre,
Pour nous quelle source de paix!
La mort n'est plus; de sa puissance
Jésus triomphe, il est vainqueur;
A sa voix la douce espérance
Renaît au fond de notre cœur.

3. Ah! viens contempler, ame sainte,
Le sépulcre où Jésus fut mis!
Vois, consternés, saisis de crainte,
Fuir ses féroces ennemis!
Jésus a retrouvé la vie
Dans les ténèbres de la mort;
Vois dans son sort, ame ravie,
L'image de ton propre sort!

4. O Jésus! toi dont la tendresse
Egale le divin pouvoir!
Remplis envers nous ta promesse,
Et viens couronner notre espoir!
Ah! si de la mort, de l'abîme,
Tu tiens les clefs entre tes mains,
Daigne encor nous garder du crime
Qui seul y plonge les humains.

5. Que ta grâce nous fortifie!
Puissions-nous, ô divin Sauveur!
Chercher en toi seul notre vie,

Notre salut, notre bonheur !
Un jour, fais-nous part de ta gloire,
Et que nos hymnes à jamais
Célèbrent ton nom, ta victoire,
Au sein de la céleste paix !

---

57. Air N°. 2 : *Ach höchster Gott verleihe.*
Ou air du Psaume XCI.

1. Jésus-Christ est ressuscité ;
   Tout l'univers l'adore ;
Du beau jour de l'éternité
   Je vois briller l'aurore :
Je vais donc sortir du tombeau
   Pour la vie éternelle ;
Et goûter un destin nouveau
   Dans la gloire immortelle.

2. Le ciel que Christ m'a mérité
   Deviendra mon partage ;
Ah ! puisse, plein d'intégrité,
   Mon cœur lui rendre hommage !
Je veux combattre mes penchans,
   Surmonter ma faiblesse,
Suivre ses préceptes touchans,
   Et l'imiter sans cesse.

3. Puisse, au chemin du vrai bonheur,

Son Esprit me conduire !
Sa grâce subjuguer mon cœur,
Son exemple m'instruire !
Sa mort m'apprend à bien mourir;
Fondé sur sa parole,
L'espoir d'un heureux avenir
M'élève et me console.

---

58. Air N°. 65 : *Jesu, meine Freude.*

1. Chantons la victoire
Que, brillant de gloire,
Jésus remporta,
Quand, par sa puissance,
Après sa souffrance,
Il ressuscita.
En sortant—Du monument,
Cet Homme-Dieu mit en fuite
L'enfer et sa suite.

2. Pour calmer un Père
Justement sévère,
Jésus-Christ mourut;
En faveur de l'homme,
Le Sauveur consomme
L'œuvre du salut.
Sa bonté—M'a racheté;
La mort cède la victoire

A ce Roi de gloire.

3. Que l'homme infidèle,
De la mort cruelle
Craigne les assauts !
Je ne l'envisage
Que comme un passage
Du trouble au repos.
Nos tombeaux, — Après nos maux,
D'une paix douce et tranquille
Nous offrent l'asile.

4. Que mon corps fragile
Redevienne argile !
Qu'il tombe à la mort !
La voix de mon maître
Le fera renaître ;
Il est le Dieu fort !
C'est à toi—Que, par la foi,
En mourant je me confie,
Prince de la vie !

---

59. Air N°. 7 : *Befichl du deine Wege.*
Ou airs des Ps. CXXVIII ou CXXX.

1. Que la mort de son ombre
Nous couvre désormais !
Grand Dieu ! dans la nuit sombre
Nous descendrons en paix.
Notre ame est rassurée ;

Ton fils, notre Sauveur,
Nous a rouvert l'entrée
Du séjour du bonheur.

2. Confirmant tes oracles,
Il annonce aux mortels,
Par d'éclatans miracles,
Tes desseins éternels.
Quel beau jour nous éclaire !
Dieu donne, en ces momens,
Aux peuples sa lumière,
Sa gloire à ses enfans !

3. De sa grâce ineffable,
Possédant le trésor,
Sépulcre formidable,
Puis-je te craindre encor ?
Non : Christ me fortifie
Dans mes derniers combats;
En lui je vois la vie
Au-delà du trépas.

---

60. Air N°. 7 : *Befiehl du deine Wege.*
Ou airs des Ps. CXXVIII ou CXXX.

1. Jésus sort de la tombe,
Il vit, il est vainqueur;
Déjà la mort succombe
Au pouvoir du Sauveur.

Chantons, chantons sa gloire !
Adorons sa grandeur !
Où donc est ta victoire,
Sépulcre destructeur ?

2. Pourrais-je craindre encore
Le sommeil du tombeau ?
Non, la mort est l'aurore
D'un jour pur et nouveau.
Jésus rend l'existence
Au mortel ranimé ;
Ravissante assurance
Pour ceux qui l'ont aimé !

3. Que la douce espérance
D'un éternel bonheur,
Consacre à l'innocence
Et mes mains et mon cœur !
Que, dans ma dernière heure,
Jésus soit mon appui !
Qu'en son amour je meure
Pour revivre avec lui !

---

61. Air N°. 45 : *Wie herrlich strahlt der.*

1. Qu'on entende aujourd'hui, mortels !
De vos cantiques solennels,
La sainte mélodie !

Le glorieux Chef des Chrétiens,
De la mort brise les liens
En Prince de la vie.
Chantons !
Chantons
Sa victoire !
Que sa gloire
Nous ravisse !
Que son temple en retentisse !

2. Sûrs désormais d'un heureux sort,
Nous ne te craignons plus, ô mort !
Un Dieu puissant et juste
Te met en ce jour dans les fers,
Et les puissances des enfers
Suivent son char auguste.
Jamais
Leurs traits
Ne confondent
Ceux qui fondent
Leur victoire
Sur ce chef couvert de gloire.

3. Jésus-Christ, en ressuscitant,
A nos cœurs devient le garant
D'une éternelle vie ;
Avec Dieu réconcilié,
Le fidèle justifié

En lui seul se confie.
Il croit ;
Il voit
Sa tendresse,
Sa richesse,
Sa puissance,
Accomplir son espérance.

4. Qui condamnera désormais
Le Chrétien, dont l'heureuse paix
Sur Jésus-Christ repose ?
Qui condamnera les élus,
A qui la grâce de Jésus
Tient lieu de toute chose ?
Il peut,
Il veut,
O fidèle !
Dont le zèle
Persévère,
T'environner de lumière.

5. Jésus triomphe de la mort;
Il brise le sépulcre, il sort
De ses ombres funèbres;
Sachons l'imiter constamment !
Brisons le joug humiliant
Du vice et des ténèbres !
Chantons !

Chantons
Sa victoire !
Que sa gloire
Nous ravisse !
Que son temple en retentisse !

---

62. Air *No. 24 : Meinen Jesum lass ich nicht.*
Ou No. 25.

1. Mon Rédempteur est vivant !
Le Père le glorifie;
Par son triomphe éclatant
Il m'assure une autre vie :
Puis-je donc craindre le sort
Dont me menace la mort !

2. Jésus précède les siens,
A le suivre il les invite;
De la mort, de ses liens,
Il triomphe, il ressuscite;
Rédempteur victorieux,
Sa main nous ouvre les cieux.

3. De la poussière formé,
Je dois retourner en poudre;
Sous la tombe renfermé,
Dans peu je vais me dissoudre;
Mais du sein du monument

Je sortirai triomphant.

4. L'espoir de l'éternité
Me console et me rassure,
Je sens l'immortalité
Attachée à ma nature,
Lorsque je vois mon Sauveur
Briser la tombe en vainqueur.

5. Dans ton céleste séjour
Alors j'irai prendre place;
Y jouir de ton amour,
T'y contempler face à face,
Et goûter, divin Jésus !
Le bonheur de tes élus.

FÊTE DE L'ASCENSION.

63. AIR No. 52 : *Du Klagst und fühlest die Beschwerden.*

1. CÉLÉBRONS ce jour de victoire !
Fidèles, élevons nos yeux !
Le Christ environné de gloire;
Remonte au royaume des cieux.

2. Mais, quel regard est assez ferme
Pour soutenir sa majesté,
Qui, sans origine, sans terme,
Remplit toute l'immensité !

3. Nations, voilà votre Maître !

Rois mortels, voilà votre Roi !
Ce Roi, pécheurs ! va reparaître
Pour punir l'oubli de sa loi.

4. Gloire éternelle soit au Père !
Au Fils, notre divin Sauveur !
A l'Esprit saint dont la lumière,
Répand la paix dans notre cœur !

---

64. Air N°. 16 : *Je chanterai, Seigneur.*
Ou N°. 17.

1. Bénissons Dieu, Chrétiens ! et contemplons la gloire
Du Sauveur triomphant, du monarque des cieux !
Les anges avec nous célèbrent sa victoire
Et chantent son nom glorieux.

2. Ouvrez-vous, vastes cieux ! temple du Dieu suprême !
Il vient vous occuper, le Roi de l'univers ;
La justice est sa loi, la paix son diadême ;
Il a triomphé des enfers.

3. Dans le palais du Père il marque notre place,
Et sa clémence encor nous bénit chaque jour ;
A tous il nous fait part de son Esprit de grâce,
Et des trésors de son amour.

4. Un jour le Rédempteur du trône de sa gloire

Reviendra pour juger les vivans et les morts;
Son bras remportera sa dernière victoire
En rendant la vie à nos corps.
5. O marchons à sa suite, animés d'un saint zèle:
Nos véritables biens sont auprès du Seigneur:
A l'immortalité sa grâce nous appelle;
Qu'il règne seul dans notre cœur!

---

65. Air N°. 49 : *Wie gross ist des Allmächt'gen.*
Ou N°. 50 ou 51 (air du Ps. CXVIII).

1. Divin bienfaiteur de la terre!
Tes grands desseins sont accomplis;
Tu montes au séjour du Père;
Là, tu veilles sur tes amis.
Ta pure et constante tendresse
Les comble encor de ses bienfaits;
A leur sort ton cœur s'intéresse,
Et tu leur as laissé ta paix.

2. L'aspect de ta gloire infinie
Me pénètre d'un saint transport,
O Jésus! auteur de ma vie!
Suprême arbitre de mon sort!
En agréant ton sacrifice,
Ton Dieu couronne ta vertu;
Du plus pur éclat, sa justice
Se plaît à te voir revetu.

3. En vain la criminelle envie
Poursuivit tes jours innocens ;
Des méchans en vain la furie
Te fit subir d'affreux tourmens :
De la mort et de son empire
Ton pouvoir fut victorieux ;
Chargé des palmes du martyre
Tu pris ton essor vers les cieux.

4. Si tu veux que, pour la justice,
Je souffre ici-bas comme toi,
Seigneur, que ta main protectrice,
Soutienne et ranime ma foi !
Daigne enfin, à ma dernière heure,
Recevoir mon ame en tes mains ;
Et m'ouvrir l'heureuse demeure
Que tu prépares à tes saints !

---

66. AIR N°. 38 : *Schwing dich auf zu deinem Gott.*

1. QUEL spectacle ravissant !
   Quels chants de victoire !
Mon Rédempteur triomphant
   Rentre dans sa gloire !
Je vois son front radieux
   Ceint du diadême ;
Il reçoit des bienheureux
   L'hommage suprême.

2. Il régnera désormais
Sur la terre entière;
Son trépas nous rend la paix,
Sa loi la lumière;
Et, réservant à nos vœux
De nouvelles grâces,
Il vole au séjour des cieux
Préparer nos places.

3. Chrétiens! suivons notre Roi,
Sa voix nous appelle;
Par nos vœux, par notre foi,
Montrons notre zèle!
Pleins d'une vive ferveur
Célébrons sa gloire!
Le triomphe du Seigneur
Est notre victoire.

4. Loin de nous, monde trompeur,
Ta voix séductrice!
Ah! désormais notre cœur
Déteste le vice.
Jésus est notre trésor;
Des biens de la terre,
Pourrions-nous chérir encor
L'ombre passagère!

5. Déjà citoyens du ciel,
Portons sur la terre

Des élus de l'Eternel
Le saint caractère !
Viens nous attirer à toi,
Viens, par ta puissance,
Fixer, grand Dieu ! sous ta loi
Notre obéissance.

---

67. AIR N°. 20 : *Lob, Ehr und Preis.*
Ou N°. 21, 22 *ou* 23.

1. CHRIST fait, du séjour immortel,
Sur nous luire sa face;
Au pied de son trône éternel
Il marque notre place;
Chrétiens, pleins d'une sainte ardeur,
Cherchons du fond de notre cœur
A mériter sa grâce !

2. Déjà nous approchons des cieux,
Si la sainte habitude
De fuir le monde vicieux
Fait notre unique étude;
La foi s'unit avec l'amour
Pour nous guider vers le séjour
De la béatitude.

3. Jésus triomphant, glorieux,
Remonte au sein du Père;

Un jour il reviendra des cieux
Mettre à notre misère
Un heureux terme pour jamais,
Et sur nous verser les bienfaits
Du règne de lumière.

---

68. Air N° 52 : *Du klagst und fühlest die Beschwerden.*

1. Roi puissant, toi dont la victoire
Fait le salut de l'univers !
Remonte au séjour de la gloire !
Déjà les cieux te sont ouverts.

2. Vole vers la voûte éternelle !
L'air t'offre un lumineux sentier ;
Règne, et de ta main immortelle
Prends le sceptre du monde entier !

3. Exerce partout ta puissance !
Règne au ciel par ta majesté,
Sur la terre par ta clémence,
Dans nos cœurs par ta vérité !

4. Apprends-nous à suivre tes traces !
Épure, anime notre foi !
Du haut du trône où tu te places,
Daigne nous appeler à toi !

69. Air No. 16 : *Je chanterai, Seigneur.*
Ou No. 17.

1. Peuples, bénissez Dieu, voici le Roi de gloire !
Que votre joie éclate en ces momens pieux !
Publiez de Jésus l'éternelle victoire,
Chantez son nom majestueux !

2. O vous qui le servez, vous ses anges fidèles,
Entourez dans le ciel son trône radieux !
Consacrez les accens de vos voix immortelles
A chanter ses faits glorieux !

3. Le règne de ce Dieu que le chrétien adore,
S'exerce en tous climats sur le monde éclairé ;
Du midi jusqu'au nord, du couchant à l'aurore,
Son Evangile est révéré.

4. Que dis-je ! Les Gentils dans leurs forêts sauvages,
Ont ouï retentir le nom du Rédempteur ;
Ils brisent des faux dieux les hideuses images ;
Ils accourent à leur Sauveur.

5. Adorons sa grandeur ! Adorons sa puissance !
Jusqu'où ne s'étend pas l'empire de ses lois !
L'univers est rempli de sa magnificence.
Gloire à jamais au Roi des rois !

70. Air No. 1 : *Ach Gott und Herr.*

1. O Roi des cieux,
Qui glorieux
Remontas de la terre !
Nous t'adorons,
Et nous t'offrons
Notre ardente prière.

2. Grand Rédempteur !
Par ta faveur,
Ranime et fais revivre
La foi des tiens !
Guide et soutiens
Nos efforts pour te suivre !

3. Notre bonheur
Est, ô Sauveur !
De t'aimer, de te plaire ;
En observant
Fidèlement
Ta trace salutaire.

4. Rends notre amour
De jour en jour
Plus pur et plus sincère !
O Jésus-Christ !
Que ton Esprit
Dans nos ames opère !

5. Donne, ô Seigneur,

A notre cœur,
Ta céleste sagesse!
Et que tes soins
Dans nos besoins
Nous rassurent sans cesse!

6. Vivant en paix
Par tes bienfaits,
Sauveur tendre et fidèle!
Nous te suivrons,
Nous chanterons
Ta louange immortelle.

OPÉRATIONS DU SAINT-ESPRIT.

FÊTES DE LA PENTECÔTE.

71. Air N°. 49: *Wie gross ist des All mächt'gen.*
Ou N°. 50 *ou* 51 (*air du Psaume CXVIII*).

1. Esprit Saint, descends, viens répandre
Tes clartés au fond de mon cœur!
Toi qui jadis daignas descendre
Sur les amis de mon Sauveur!
Par ton pouvoir, par ta lumière
Ils instruisaient l'humanité;
Leur voix annonçait à la terre
Un Dieu juste, un Dieu de bonté.

2. Aux dons qu'ils tenaient de ta grâce,
S'il m'est interdit d'aspirer,

Du moins il en est à leur place
Que tu me permets d'espérer.
Tes préceptes, ta connaissance,
Désormais ce sont là tes dons,
Et j'éprouve ton influence
En profitant de tes leçons.

3. Lorsqu'à mon ame, jeune encore,
On faisait chérir son devoir;
Qu'on m'apprenait, dès mon aurore,
Que Dieu seul est tout notre espoir;
Que le péché fait le supplice
Du cœur séduit par ses attraits;
Lorsqu'on m'armait contre le vice,
Esprit divin, tu m'éclairais!

4. Tu m'éclaires, quand la nature
Me ramenant à son auteur,
Ma raison s'ennoblit, s'épure,
En adorant le Créateur;
Quand, plein de sa magnificence,
L'univers m'offre tour à tour,
Et les traces de sa puissance,
Et les preuves de son amour.

5. Dans ce temple, ton sanctuaire,
Où je viens affermir ma foi,
Grand Dieu, ton Esprit Saint m'éclaire,
Quand j'entends expliquer ta loi!

Dans cette paisible retraite,
Mon œil s'ouvre à la vérité ;
Mon ame heureuse, satisfaite,
Aspire à l'immortalité.

6. Fais que, par tes feux épurée,
Mon ame, sourde aux passions,
Puisse, à la vertu consacrée,
Mépriser leurs illusions !
Règle mes vœux par ta sagesse,
Répands ton amour dans mon cœur,
Fais qu'à toujours de ma faiblesse
Ta grâce me rende vainqueur !

---

72. AIR N°. 28 : *O Gott du frommer Gott.*
Ou N°. 29 ou 30.

1. DES desseins du Très-Haut quels nouveaux interprètes
Lèvent le voile obscur qui couvrait les prophètes !
Quel étonnant projet aux apôtres commis !
Le ciel veut que par eux l'univers soit soumis.
2. L'aveugle idolâtrie, en chimères féconde,
Avait à son empire assujetti le monde ;
Les mortels préféraient, malgré mille bienfaits,
Au Dieu qui les forma, des dieux qu'ils s'étaient faits.
3. Douze hommes inconnus qu'un feu céleste anime,

Brisent le joug honteux de l'erreur et du crime.
Leur voix va publier cet oracle en tout lieu :
Mortels, amendez-vous, et n'adorez qu'un Dieu !

4. Sans armes, sans appui, sans art, sans apparence,
La croix qu'ils annonçaient est leur seule puissance;
Sans étude, profonds; sans génie, éloquens;
Leurs discours sont suivis de prodiges fréquens.

5. Ils domptent sans effort l'erreur opiniâtre;
Ils confondent le Juif, convainquent l'idolâtre;
Et rangeant sous la foi tant de peuples divers,
Par eux un même Esprit anime l'univers.

6. Toi qui leur fis sentir ta céleste influence,
Accorde-nous aussi ta puissante assistance !
Rends-nous, divin Esprit ! dociles à ta voix,
Épure nos vertus, fais-nous aimer tes lois.

---

73. AIR N°. 16 : *Je chanterai, Seigneur.*
Ou N°. 17.

1. O vous qui, du Très-Haut proclamant les mystères,
Éclairâtes le monde, apôtres du Sauveur !
Puissions-nous tous, guidés par vos saintes lumières,
Comme vous servir le Seigneur !

2. C'est par vous que l'éclat d'une pure doctrine
Chassa de tous les cœurs la triste obscurité;
L'erreur céda bientôt à la clarté divine
Qui nous montra la vérité.

3. Sans armes, sans appui, sans art, sans éloquence,
Vous sûtes triompher par le divin Esprit;
La croix que vous prêchiez fut la seule puissance
Qui soumit tout à Jésus-Christ.

4. L'univers gémissait sous un dur esclavage;
Mais, en brisant ses fers, vous comblez son bonheur;
On le voit s'applaudir du sublime avantage
Qu'il trouve à servir le Seigneur.

5. Par vous il reconnaît, il respecte, il adore
Des oracles divins la sainte profondeur;
Et les peuples instruits, du couchant à l'aurore,
De vos faits chantent la grandeur.

6. Tout ce qu'ils ont appris de ta bouche divine,
Seigneur, viens l'imprimer dans le fond de nos cœurs!
Et fais-nous retracer leur céleste doctrine
Par l'innocence de nos mœurs!

74. Air N°. 49 : *Wie gross ist des Allmächt'gen.*
Ou N°. 50 *ou* 51 (*air du Ps. CXVIII*).

1. Célébrons tous par nos louanges
L'Éternel, notre Créateur,
Le Roi des hommes et des anges,
La source de notre bonheur !
Sa miséricorde est immense ;
Sa grâce répand, en ce jour,
Sur son église, en abondance,
L'Esprit du Fils de son amour.

2. Pour dissiper notre ignorance
Et fléchir notre dureté,
Il nous donne sa connaissance
Par cet Esprit de vérité.
Ce consolateur qu'il envoie
Nous scelle pour le dernier jour ;
Il pénètre nos cœurs de joie,
De foi, d'espérance, et d'amour.

3. Jésus nous le donne pour gage
De son immense charité,
De cet éternel héritage
Que son sang nous a mérité.
Il vient, des vertus qu'il inspire,
Enrichir les faibles humains ;

Il vient soumettre à son empire
Leurs cœurs et l'œuvre de leurs mains.

4. O puisse-t-il de ses lumières
Chaque jour éclairer nos yeux !
Seconder nos humbles prières,
Et nous élever vers les cieux !
Puissions-nous, à sa voix fidèles,
Aspirer, ô divin Jésus !
A ces richesses immortelles
Que tu gardes à tes élus !

---

75. Air N°. 45 : *Wie herrlich strahlt.*

1. Viens, ô divin consolateur !
Esprit de notre Rédempteur,
Habiter dans nos âmes !
Ce jour fut celui de tes dons ;
Viens aussi couronner nos fronts
De tes célestes flammes !
Esprit—Du Christ,
Que ta grâce—Efficace—Du fidèle
Épure à jamais le zèle.

2. Infaillible et saint conducteur,
Préserve nous de toute erreur,
Soutiens notre faiblesse !
Puissent tes consolations,

Au sein de nos afflictions
Nous affermir sans cesse !
Descends ;—Répands
Ta lumière—Salutaire ;—Manifeste
Sur nous ton pouvoir céleste.

3. A tes lois soumets tous les cœurs ;
Règle notre vie et nos mœurs ;
Préserve-nous du vice ;
Fais qu'assistés de ton secours,
Nous puissions consacrer nos jours,
Seigneur ! à la justice.
Soutiens—Les tiens
Dans ce monde—Et seconde—L'ardeur sainte
Qui les garde dans ta crainte.

---

76. Air No. 32 (Air *du Ps. CIII*).

1. Des dons parfaits, source pure et féconde,
Esprit divin, viens éclairer le monde !
Viens nous combler de célestes bienfaits !
Du haut des cieux sur nous daigne descendre,
Et dans nos cœurs veuille aujourd'hui répandre
Ta sainteté, ta lumière et ta paix !

2. Inspire-nous la force et le courage
De rompre enfin le joug de l'esclavage
Dont le péché charge cet univers !

Fais-nous comprendre, Esprit saint ! que le crime
Fait périr l'homme, et d'abîme en abîme
Le précipite enfin dans les enfers.

3. Embrase-nous du désir de te plaire !
Que dans le bien notre cœur persévère !
Rends-nous pieux, humbles, compatissans !
Ne permets pas que la chair nous séduise !
Que sous tes lois notre ame la réduise,
Qu'elle parvienne à régner sur nos sens !

4. Si notre esprit est léger et volage,
Viens le fixer, et qu'enfin sans partage
Nous puissions tous nous consacrer à toi !
Qu'alors, Seigneur ! ton œuvre s'accomplisse,
Et que ta grâce à jamais établisse
Parmi tes saints l'empire de la foi !

SECOURS DE LA GRACE.

77. Air N°. 47 : *Wer nur den lieben Gott.*
Ou N°. 48.

1. O Dieu ! crée en moi par ta grâce
Un esprit docile et nouveau !
Fais sur moi resplendir ta face !
Sois de mon ame le flambeau !
Afin que, respectant ta voix,
Je suive constamment tes lois.

2. D'un œil indulgent et propice
Regarde-moi dans mon erreur !
Selon les droits de ta justice
Ne me réprouve pas, Seigneur !
Que ta céleste charité
Efface mon iniquité !

3. Je suis faible, et dans ma carrière
Je puis sans cesse m'égarer ;
Seigneur, exauce ma prière !
Par ton Esprit viens m'éclairer !
Que ce fidèle conducteur
Réside à jamais dans mon cœur !

4. Aux décrets de ta Providence,
Viens soumettre ma volonté !
Daigne, au moment de la souffrance,
Soutenir ma fragilité !
Pour tranquilliser mon esprit,
Ta grâce, ô mon Dieu ! me suffit.

---

78. Air No. 53 : *Was sorgst du ängstlich für dein Leben.*

1 Chrétiens ! le Père des lumières
Exauce nos humbles prières ;
Consacrons-lui tous nos instans ;
Offrons-lui nos pieux hommages,
Et que son nom, dans tous les âges,

Soit glorifié par nos chants !

2. Descends, Esprit saint, dans notre ame !
Que ta grâce à jamais l'enflamme
D'un saint amour pour le devoir !
De ses erreurs triste victime,
Si ton secours ne la ranime,
Grand Dieu ! quel sera son espoir !

3. Sois avec nous dans la souffrance !
Rends nous le calme, l'espérance,
Au sein des tribulations !
Que notre foi s'y fortifie,
Seigneur ! et que ta main essuie
Les larmes que nous répandons !

4. Assiste-nous par ta puissance !
Répands sur nous en abondance
Tes grâces, trésors des esprits !
Remplis nos cœurs d'un saint courage !
Que notre foi soit ton ouvrage,
Et que ta gloire en soit le prix !

---

79. Air N°. 47 : *Wer nur den lieben Gott lässt walten.*
Ou N°. 48.

1. Viens nous combler de tes lumières,
Esprit divin, change nos cœurs !
Exauce nos humbles prières !
Règle notre vie et nos mœurs !

Rappelle-nous à chaque instant
Notre mort et le jugement !

2. Que tes soins nous gardent du vice,
Des écarts de la vanité,
De l'envie et de l'avarice,
Des crimes de l'impiété !
Seigneur, dissipe nos erreurs
Et calme nos vaines frayeurs !

3. Inspire-nous la patience,
Une sincère humilité,
La plus austère tempérance,
Et la plus tendre charité !
Nous ne pouvons rien que par toi,
Soumets-nous à ta sainte loi !

4. Imprime en nos cœurs ta parole !
Triomphe de nos passions !
Exauce-nous, et nous console
Dans toutes nos afflictions !
Fais luire sur nous la clarté
De l'éternelle vérité !

---

80. AIR N°. 14 : *Gott des Himmels und der Erden.*
Ou air du Ps. CXLVI.

1. ESPRIT saint, viens dans nos ames
Produire une vive foi ;

Les embraser de tes flammes,
Et les élever à toi!
Fais sentir à notre cœur
Ta présence et ta faveur!

2. Viens répandre ta lumière
Dans l'esprit de tes enfans!
Que ta grâce salutaire
Règle tous nos mouvemens!
Viens nous préserver, Seigneur,
Des surprises de l'erreur!

3. Remplis-nous, dans nos détresses,
De tes consolations!
Soutiens-nous dans nos faiblesses
Contre les tentations!
Assistés de ton secours,
Puissions-nous vaincre toujours!

4. Forme-nous à la prière!
Dicte-nous de justes vœux!
Guide-nous dans la carrière
Qui doit nous conduire aux cieux!
Fais-nous trouver le bonheur
Dans la paix de notre cœur!

5. Par le feu de la souffrance
Si tu veux nous éprouver,
Donne-nous la patience

Qui souffre sans murmurer !
Au sein du plus grand malheur,
Sois notre consolateur !

6. Esprit saint, viens dans nos ames
Produire une vive foi,
Les embraser de tes flammes,
Et les élever à toi !
Fais sentir à notre cœur
Ta présence et ta faveur !

---

81. AIR N°. 14 : *Gott des Himmels und der Erden.*
Ou air du Ps. CXLVI.

1. FAIS-MOI part, je t'en supplie,
Sage arbitre de mes jours,
Pour sanctifier ma vie,
De tes célestes secours !
Fais que dans tous mes besoins
J'éprouve tes tendres soins.

2. Aux facultés de mon ame,
Viens communiquer, Seigneur,
Un feu divin qui m'enflamme
D'une nouvelle ferveur !
Viens soumettre mon esprit
Sans réserve à Jésus-Christ !

3. Ainsi changé par ta grâce,

Rendu maître de mon cœur,
Chaque jour cherchant ta face,
Je te servirai, Seigneur !
Et tes saints commandemens
Régleront mes sentimens.

4. Lorsque tout dans la nature
Par le feu se dissoudra,
Du fond de ma sépulture
Ta voix me rappellera;
Et pour un destin nouveau
Je sortirai du tombeau.

---

82. Air N°. 28 : *O Gott du frommer Gott.*
Ou N°. 29 ou 30.

1. Dieu commande, et dans l'homme il fait ce qu'il commande ;
Il donne le premier ce qu'il veut qu'on lui rende;
D'où vient donc cet orgueil si follement conçu ?
Quel bien possédons-nous que nous n'ayons reçu ?

2. Source des bons desseins, principe de lumière,
La grâce produit tout, et même la prière;
L'homme quand sur lui seul il ose s'appuyer,
Est semblable au roseau qu'un souffle fait plier.

3. Oui, c'est de ta bonté que je dois tout attendre;
J'en dépends; mais, Seigneur, ma gloire est d'en dépendre;
Tu me guides, je vais; tu parles, j'obéis;
Tu te caches, je meurs; tu parais, je revis.

4. A moi-même livré, conduit par mon caprice,
Je m'égare en aveugle, et cours au précipice:
Mes vices que je hais, je les tiens tous de moi;
Ce que j'ai de vertus, je l'ai reçu de toi.

5. De mes égaremens moi seul je suis coupable,
De mes heureux retours je te suis redevable;
Les péchés que j'ai faits, tu me les as remis,
Tu m'as gardé de ceux que je n'ai point commis.

6. Que le juste à toute heure appréhende sa chute!
S'il tombe cependant, qu'à lui seul il l'impute!
Maître de tous ses pas, arbitre de son sort,
L'homme a devant les yeux et la vie et la mort.

---

83. Air N°. 9 : *Begleite mich o Christ.*

1. Que le ciel étonne la terre
De mille prodiges divers!
Qu'armé des feux de son tonnerre
Il fasse retentir les airs!

Grand Dieu ! l'éclat de ces merveilles,
En frappant mes yeux, mes oreilles,
Remplit mon ame de frayeur :
Mais, Seigneur ! il n'est que ta grâce,
Seule, triomphante, efficace,
Qui se fasse entendre à mon cœur.

2. Dieu puissant, scrutateur intime
De ce cœur formé de ta main !
Dans cet impénétrable abîme
Tu fais luire un flambeau divin :
Tu le meus, d'un mot tu le guides ;
Tu sais, en des transports rapides,
Transformer son moindre désir :
A ta voix tu le rends sensible,
Et du devoir le plus pénible
Tu fais son plus noble plaisir.

3. Doux accord ! alliance sainte !
Où ta suprême autorité,
Sans violence et sans contrainte,
Assujettit la liberté !
Où l'homme obtenant ses demandes,
Pour faire ce que tu commandes,
S'embrase d'une vive ardeur !
Où ton pouvoir le fortifie,
Où ton Esprit saint vivifie
Et sa constance et sa ferveur !

4. Seigneur ! nos œuvres sont les tiennes ;
Tout est en nous grâce et bienfait ;
Sans cesse il faut que tu préviennes
L'homme libre en tout ce qu'il fait.
Quelle gloire peut-il prétendre,
Que d'être fidèle à te rendre
Les dons qu'il tient de ta faveur ?
Qu'il s'humilie en sa faiblesse !
Qu'il s'assure sur ta sagesse !
C'est là sa force et sa grandeur.

DIGNITÉ ET DESTINATION DE L'HOMME.

84. AIR *N°*. 28 : *O Gott du frommer Gott.*
Ou N°. 29 *ou* 30.

1. O DIEU puissant et bon ! Créateur adorable !
Que ton auguste nom est saint et redoutable !
Ta gloire nous ravit, elle éclate en tous lieux ;
Ta suprême grandeur brille au plus haut des cieux.

2. L'enfant que d'un lait pur nourrit sa tendre mère,
Déjà nous montre en toi notre Dieu, notre Père ;
Son premier cri confond l'audacieux pécheur,
Qui peut te refuser le tribut de son cœur.

3. J'ai contemplé, Seigneur ! en te rendant hommage,

Ce vaste firmament, ton merveilleux ouvrage,
Et ce pompeux soleil, et ces astres nombreux,
Dont ta puissante main sut allumer les feux.

4. Étonné, confondu, je rentre dans moi-même,
Je sens tout mon néant; eh quoi! bonté suprême!
Des fragiles mortels tu veux te souvenir!
Et ton divin amour se plaît à les bénir!

5. Ton pouvoir nous créa semblables aux saints anges,
Qui de concert aux cieux célèbrent tes louanges,
D'un immortel honneur il nous combla comme eux,
Et répandit sur nous ses trésors précieux.

6. Tu remis au mortel ces œuvres admirables
Que tu formas, Seigneur! de tes mains adorables;
Mille animaux divers asservis à ses lois,
Ou subissent son joug, ou tremblent à sa voix.

7. Les troupeaux que nourrit la croupe des montagnes,
Les produits variés des fertiles campagnes,
Les habitans des eaux, les habitans des airs,
Tout sert à ses besoins dans ce vaste univers.

8. Divine majesté, que ta gloire est immense!
Rien ne peut approcher de ta magnificence;

Ton imposant pouvoir partout brille à nos yeux,
Ton nom remplit la terre, et les mers, et les cieux.

---

85. Air *No. 47 : Wer nur den lieben Gott.*
Ou No. 48.

1. Esprit, image de Dieu même,
Créé pour l'immortalité,
O mon ame ! l'Être-Suprême
T'appelle à la félicité ;
Tu dois sans cesse l'honorer,
Il te forma pour l'adorer.

2. Il te doua d'intelligence,
De raison et de volonté,
Il te donna la connaissance
De ses lois, de sa vérité ;
Chef-d'œuvre de ton Créateur,
Tu lui dois toute ta grandeur.

3. L'image de l'Être-Suprême
Éclate dans ta liberté;
Tu peux par elle être toi-même
L'arbitre de ta volonté;
Et si tu ne veux t'avilir,
Jamais rien ne peut t'asservir.

4. Aux chœurs des anges de lumière,

Unis tes accens et tes vœux;
Célèbre ton céleste Père,
Sois digne de plaire à ses yeux!
Tu peux connaître, aimer, sentir :
Ah! pense à lui pour le bénir!

5. Dieu, que ma destinée est belle!
Fais-m'en connaître tout le prix!
Mon ame doit être immortelle,
Et du trépas tu l'affranchis!
Prépare-moi par ta bonté
Au bonheur de l'éternité.

---

86. Air N°. 49 : *Wie gross ist des Allmächt'gen.*
Ou N°. 50 *ou* 51 (*air du Ps. CXVIII*).

Songe souvent, ame chrétienne!
Que Dieu ne te fit que pour lui;
Et que souvent il te souvienne
Qu'il peut t'appeler aujourd'hui!
Passe tes jours dans l'innocence,
Prends pour modèle ton Sauveur;
Si tu le suis avec constance,
Tu partageras son bonheur.

EXCELLENCE DE LA RELIGION CHRÉTIENNE.

87. Air N°. 49 : *Wie gross ist des Allmächt'gen.*
Ou N°. 50 ou 51 (air du Ps. CXVIII).

1. Loi divine, loi de lumière,
Religion de mon Sauveur !
Science simple et salutaire
De mes devoirs, de mon bonheur !
Heureuse l'ame où tu résides !
Rien n'en trouble la pureté,
Et le chemin où tu la guides
La mène à la félicité.

2. Veut-on, par des discours frivoles,
Lui rendre ses devoirs moins chers ?
Tu la soutiens : tu la consoles,
Prête à plier sous les revers.
Par toi, la paisible innocence,
Libre de crime et de remords,
Dans la paix de la conscience
Trouve le premier des trésors.

3. Tu n'es point cette règle austère
Qui proscrit l'innocent plaisir;
Non, jamais tu ne fus contraire
Qu'à ce qui peut nous avilir.

Tu tends à modérer l'empire
Que sur nous exercent les sens;
Et tu cherches, non à détruire,
Mais à diriger nos penchans.

4. Puissions-nous, religion sainte!
Aidés de tes divins secours,
Dans l'amour de Dieu, dans sa crainte,
Passer le reste de nos jours!
Et toi, Sauveur! qui, dans ta grâce,
La dictas à tes serviteurs,
O rends-la féconde, efficace,
En la scellant dans tous les cœurs!

---

88. Air No. 28 : *O Gott du frommer Gott.*
Ou No. 29 *ou* 30.

1. Seigneur, dans tes sentiers que ton flambeau m'éclaire!
Qu'il me guide à jamais et m'enseigne à te plaire!
Des piéges du péché daigne garder mon cœur,
Qu'il ne trouve qu'en toi sa gloire et son bonheur!

2. Qu'heureux de posséder ta religion sainte,
La professant, Seigneur! et marchant dans ta crainte,
Mon front, marqué du sceau de la céleste paix,
Aux yeux des fiers mondains n'en rougisse jamais!

3. Je dirai devant tous que rien ne me console
Dans ce terrestre exil que ta seule parole;
Que j'y trouve et ma gloire, et tes secours puissans,
Et le gage assuré du bonheur que j'attends.

4. Je l'ai dit, le Seigneur est mon bien, mon partage;
Sa grâce est le trésor, sa gloire est l'héritage
Qu'il accorde aux soupirs, aux vertus des humains,
Lui dont les saints décrets règlent tous leurs destins.

5. Sur mes désirs confus, que tes volontés règnent!
Inséparable ami des mortels qui te craignent!
Fais que, comme eux, Seigneur! te consacrant mon cœur,
De leur fidélité je partage l'honneur!

---

89. Air N°. 61.

1. Religion du Rédempteur du monde!
Source divine en lumières féconde!
D'un saint transport tu pénètres mon cœur
Par les attraits de ta vive splendeur.

2. Tes vérités, comme des traits de flamme,

En l'éclairant réjouissent mon âme ;
Qui les pourrait connaître et recevoir
Sans éprouver leur céleste pouvoir !

3. Si mes péchés me causent des alarmes,
Ta douce main vient essuyer mes larmes,
En me montrant le prix de la rançon
Qui de mon Dieu m'assure le pardon.

4. A ton école on apprend à bien vivre,
Tu nous prescris le chemin qu'il faut suivre
Pour échapper aux piéges de l'erreur,
Et s'élever au suprême bonheur.

5. Vous qui cherchez le salut et la vie,
Écoutez donc la voix de cette amie !
Dans les sentiers de la religion
Tendez sans cesse à la perfection !

6. Tu sais, grand Dieu ! tu sais que je désire
D'être toujours soumis à ton empire ;
Ah ! puisque j'aime et respecte ta loi,
Soutiens mon zèle et couronne ma foi !

---

90. AIR *N*°. 33 (*air du Ps. CXVI*).

. O Dieu ! rempli d'une pieuse ardeur,
Je te rendrai d'éternelles louanges ;
Je veux sans cesse, à l'exemple des anges,
De tes bienfaits célébrer la grandeur.

2. Que pourrait-il manquer à mon bonheur !
Jésus me rend héritier de Dieu même ;
Et n'est-ce pas avoir le bien suprême
Que de goûter sa céleste faveur ?

3. Dieu saint et bon ! j'aurai soin désormais
De m'éloigner de tout ce qui t'offense ;
Et de chercher, par mon obeissance,
A m'assurer tes éternels bienfaits.

4. Daigne, Seigneur ! m'accorder le secours
Dont j'ai besoin pour te rester fidèle ;
Que ton Esprit affermisse mon zèle !
Et je suis sûr de t'obéir toujours.

5. Je ne vivrai désormais que pour toi,
Si ta vertu puissamment me seconde ;
Et ni l'enfer, ni la chair, ni le monde,
N'exerceront leur puissance sur moi.

6. Qu'est devenu ton aiguillon cruel ?
O mort ! Jésus a détruit ton empire ;
Que contre moi tout l'univers conspire !
Il me prépare un triomphe éternel.

7. Imprime, ô Dieu ! vivement dans mon cœur
Le souvenir des trésors de ta grâce ;
Que chaque jour mon ame se retrace
Ce que ton Fils a fait pour mon bonheur !

91. AIR N°. 14 : *Gott des Himmels und der Erden.*
Ou air du Ps. CXLVI.

1. QUE tes lois, Sauveur du monde,
Rendent la vie à nos cœurs !
De la terre, en maux féconde,
Viens adoucir les malheurs !
Fais-y régner à jamais
Et ta lumière et ta paix !

2. Quoi ! du couchant à l'aurore
L'univers doit t'adorer :
Et tant d'égarés encore
Refusent de t'honorer !
Ah ! ramène à toi, Seigneur !
Ces victimes de l'erreur.

3. Au joug des sens asservie
Notre ame perd sa ferveur ;
Ah ! rends-lui cette énergie,
Heureux fruit de ta faveur !
Qu'elle éprouve tous les jours
Les effets de ton secours !

4. En proie à des maux sans nombre,
Si ton flambeau ne nous luit,
Nous ne poursuivons que l'ombre
D'un bonheur qui toujours fuit.

Viens donc, Seigneur, vers les cieux,
Viens diriger tous nos vœux !

5. Que tes lois, Sauveur du monde,
Rendent la vie à nos cœurs !
De la terre en maux féconde,
Viens adoucir les malheurs !
Fais-y régner à jamais
Et ta lumière et ta paix !

---

92. Air N°. 4 : *An Wasserflüssen Babylon.*

1. Soutiens ma foi chancelante ;
Dieu puissant ! inspire-moi
Cette crainte vigilante
Qui fait pratiquer ta loi !
Loi sainte, loi désirable !
Ta richesse est préférable
A la richesse de l'or ;
Et ta douceur est pareille
Au miel dont la jeune abeille
Sait composer son trésor.

2. Mais, sans tes clartés sacrées,
Qui peut connaître, Seigneur !
Les faiblesses égarées
Dans les replis de son cœur ?

Prête-moi tes feux propices !
Viens m'aider à fuir les vices
Qui s'attachent à mes pas !
Viens consumer par ta flamme
Ceux que je vois dans mon ame
Et ceux que je n'y vois pas !

3. Si de leur triste esclavage
Tu viens dégager mes sens,
Si tu détruis leur ouvrage,
Mes jours seront innocens.
J'irai puiser sur ta trace
Dans les sources de ta grâce,
Et de ses eaux abreuvé,
Ma gloire fera connaître
Que le Dieu qui m'a fait naître
Est le Dieu qui m'a sauvé !

---

93. AIR N°. 10 : *Ermuntre dich mein schwacher.*
Ou N°. 11.

1. DIEU ! si ta loi ne me conduit,
Le danger m'environne ;
Mon cœur aisément me séduit,
Et la paix m'abandonne.
Alors, mort pour les vrais plaisirs,
De toi détournant mes désirs,

Redoutant ta justice,
Ma vie est un supplice.

2. Pardonne, grand Dieu ! les erreurs
De ma faible jeunesse;
Je veux, loin des conseils trompeurs,
Écouter la sagesse.
Ma bouche te célébrera,
Nul mot jamais n'en sortira
Qui te puisse déplaire,
Ou séduire mon frère.

3. Puissé-je, ô monde séducteur,
En détestant tes crimes,
Fermer mon oreille et mon cœur
A tes vaines maximes !
Puissé-je, éloigné des pécheurs,
O mon Dieu ! goûter les douceurs
Dont l'heureuse innocence
Jouit en ta présence !

(Décalogue).

94. Air N°. 28 : *O Gott du frommer Gott.*
Ou N°. 29 *ou* 30.

1. Écoutez l'Éternel, peuples, prêtez l'oreille !
Qu'aux accens de sa voix la terre se réveille !
Lui seul est votre Dieu, lui seul est votre appui;
Adorez l'Éternel, mais n'adorez que lui !

2. C'est moi, dit-il, c'est moi qui d'un vil esclavage
Ai délivré les miens; mon peuple, rends hommage
A mon bras tout-puissant! Si ton bonheur t'est cher,
Ne te prosterne point devant des dieux de chair!

3. Le nom de l'Éternel est saint et redoutable;
En le prenant en vain tu te rendrais coupable;
Si tu trahis ta foi, si tu romps ton serment,
Tu n'échapperas point au jour du jugement.

4. Viens au jour du Seigneur rendre ton humble hommage
A l'Auteur de tes jours, et suspends ton ouvrage!
Élève, ami de Dieu, tes regards vers le ciel!
Et songe aux biens futurs d'un esprit immortel!

5. Tes parens ont conduit tes pas dès ton enfance;
Tu leur dois le respect, l'amour, l'obéissance;
C'est alors que les jours que Dieu t'a destinés
S'écouleront en paix, nombreux, et fortunés.

6. Garde-toi de lever une main homicide
Sur ton frère! J'abhorre un cœur de sang avide;
Ton frère est mon enfant, je suis son Créateur;
S'il a pu t'offenser, je serai ton vengeur.

7. Que, domicile saint d'une ame chaste et pure,

Ton corps, temple de Dieu, soit exempt de souillure !
Garde-toi de briser le lien conjugal ;
Adultère insensé, songe à mon tribunal !

8. Loin de toi le larcin, la fraude et l'artifice !
Consulte constamment la sévère justice :
Sois probe, intègre et droit, et marche sous mes yeux,
Et qu'ainsi l'Eternel te bénisse en tous lieux !

9. Rends justice à ton frère, et fuis la calomnie !
Que son honneur te soit sacré comme sa vie !
Je hais le médisant, j'abhorre le menteur,
Il n'est jamais pour eux de place dans mon cœur.

10. Aux biens de ton prochain ne porte point envie !
Malheur au cœur pervers rongé de jalousie !
Tu dois te réjouir de sa prospérité :
Songe à me ressembler, mon nom est charité !

NATURE ET AVANTAGES DE LA VERTU.

95. Air No. 32 : (*air du Ps. CIII*).

1. Si notre cœur est vertueux et sage,
Préserve-nous d'en tirer avantage
Et d'oublier notre fragilité !

Fais-nous sentir, grand Dieu ! ce que nous sommes,
Que les vertus et les œuvres des hommes
Le plus souvent ne sont que vanité.

2. J'aime le bien, j'évite de mal faire,
Est-ce par crainte ou par amour sincère ?
Si, n'écoutant que le respect humain,
Par intérêt je m'écarte du vice ;
Si par orgueil j'exerce la justice,
De ma vertu je m'applaudis en vain.

3. De l'avarice en défendant mon ame,
Si je n'agis que par crainte du blâme ;
Si mes excès m'ont rendu tempérant ;
Par lâcheté, si je hais la vengeance,
Moi-même, hélas ! j'ai pris ma récompense,
Et de mon Dieu je l'attends vainement.

4. Mais, ô Seigneur, si le vœu de te plaire
Remplit mon cœur, rend ma vertu sincère,
D'un si grand bien qui daigne m'enrichir ?
A la vertu qui forma mon jeune âge,
Dans mes devoirs plaça mon avantage,
Me fit trouver ma gloire à t'obéir ?

5. Pour te servir et pour t'être fidèle,
Qui me donna des forces et du zèle ?
Dans les dangers, par qui suis-je vainqueur ?

Quelle est la source où je pris ma sagesse ?
Et quelle main me fit, dans ma faiblesse,
Trouver l'ami qui me rendit meilleur ?

6. C'est toi, grand Dieu ! dont la bonté suprême
Me fit toujours choisir le bien que j'aime,
Me rappela quand j'allais m'oublier !
Fais que l'orgueil soit banni de mon ame !
Pour la vertu qu'un zèle pur l'enflamme !
Et que mon cœur sache s'humilier !

---

96. AIR N°. 28 : *O Gott du frommer Gott.*
Ou N°. 29 *ou* 30.

1. LE désir du bonheur nous vient de la nature;
Mais telle est de nos sens la fatale imposture,
Qu'éteignant le flambeau qui doit guider nos pas,
Nous cherchons le bonheur où le bonheur n'est pas.

2. Souvent nous le plaçons dans des richesses vaines,
Dans des plaisirs trompeurs, des dignités mondaines;
O loin de toi, mortel, cette funeste erreur !
Sache que la vertu fait seule ton bonheur.

3. Elle procure seule à qui la prend pour guide,
Les plaisirs les plus purs, l'espoir le plus solide,

Du père des humains l'immortelle faveur,
Le repos de l'esprit, et le calme du cœur.

4. Nul ne peut ignorer sa dignité sublime ;
Du juste et du pécheur elle gagne l'estime;
Et de ses nobles faits l'éclat habituel
Attire les regards de la terre et du ciel.

5. Le malheur peut souvent éprouver sa constance,
Mais rien ne lui ravit la paisible assurance
Qui calme sa douleur, allège ses travaux,
Ranime son courage et tempère ses maux.

6. Comme un rocher que frappe une mer mugissante,
Brave des flots émus la colère impuissante,
La vertu résistant à tous les coups du sort,
Contemple sans terreur le péril et la mort.

7. Au-delà du trépas sa pieuse espérance
Lui fait prévoir du ciel la douce récompense,
Le grand jour où son Dieu comblant tous ses souhaits,
Réparera ses maux par d'éternels bienfaits.

---

97. Air N°. 16 : *Je chanterai, Seigneur.*
Ou N°. 17.

1. Celui qui du Très-Haut fait son unique asile,

Qui vit dans la faveur du monarque des cieux,
Sous l'ombre de son bras, dans un séjour tranquille,
Goûtera ses dons précieux.

2. Dieu seul est son appui, son guide, son refuge,
Son éternel espoir, son puissant protecteur;
Et si dans l'avenir il voit en lui son juge,
Du moins il le voit sans frayeur.

3. Des filets du méchant c'est lui qui le délivre,
Il le tient séparé d'un monde corrupteur;
A couvert sous son aile, il lui permet de vivre
Loin des piéges du tentateur.

4. Sa sainte vérité le soutient, le console;
Rien ne trouble la paix qu'il tient de ses bontés.
Que peut-il redouter en gardant la parole
Où Dieu traça ses volontés?

5. Je veux, dit le Seigneur, prendre soin de sa vie,
Puisqu'en mon assistance il met tout son espoir;
Il saura sur quel bras sa vertu se confie,
Il saura quel est mon pouvoir.

6. Lorsqu'il m'invoquera, fléchi par sa demande,
Je rendrai le repos à son cœur affligé;
Avant même qu'aux cieux sa prière se rende,
Il sera déjà soulagé.

7. Son bonheur fleurira dans un long cours d'années,
Puis je lui ferai part du salut de mes saints ;
Bientôt il jouira des hautes destinées
Qu'au ciel lui préparent mes mains.

---

98. Air N°. 16 : *Je chanterai, Seigneur.*
Ou N°. 17.

1. Pourquoi le vice, hélas ! par ses indignes charmes,
Sait-il dans ses filets attirer tant de cœurs !
Tandis que des remords les mortelles alarmes
Suivent les traces des pécheurs.

2. Voyez le sort du juste ; ah ! qu'il est préférable !
De sa félicité rien ne borne le cours ;
La paix de l'Esprit saint, douce, pure, ineffable,
Sera son partage à toujours.

3. Même au milieu des maux que son Dieu lui dispense,
Il soutient son épreuve avec humilité ;
Et d'un secours certain l'infaillible espérance
Soulage son cœur agité.

4. Plein de foi, plein d'ardeur, à ses devoirs fidèle,
Des trésors de vertus qu'il acquiert chaque jour,

On le voit enrichir la couronne immortelle
Que Dieu réserve à son amour.

5. La mort, pour le pécheur toujours si redoutable,
N'est pour le vrai chrétien qu'un tranquille sommeil ;
Au sein d'un Dieu de paix à ses vœux favorable,
Il attend son heureux réveil.

6. Partagez ce beau sort, ô vous dont l'ame pure
Veut du vice odieux se garder à toujours ;
Que jamais du péché la fatale souillure
Ne flétrisse un seul de vos jours !

---

99. AIR N°. 47 : *Wer nur den lieben Gott.*
Ou N°. 48.

1. SEIGNEUR ! dans ta gloire adorable
Quel mortel est digne d'entrer ?
Jusqu'à ton trône vénérable,
Qui peut, ô grand Dieu ! pénétrer,
Et de ton front majestueux
Contempler l'éclat glorieux ?

2. C'est l'homme austère qui du vice
Évitant le sentier impur,
Dans le chemin de la justice
Marche d'un pas constant et sûr ;

Qui toujours, docile à ta voix,
Maintient et pratique tes lois.

3. C'est l'homme intègre dont la bouche
Consacrée à la vérité,
Ne cache point un cœur farouche
Sous un faux air d'humanité;
Qui, par aucun discours malin,
Jamais n'afflige son prochain.

4. Enfin l'homme dont les promesses
Sont un gage toujours certain;
Qui ne grossit point ses richesses
D'un sordide et coupable gain;
Qui sait protéger l'innocent
Contre les efforts du méchant.

5. Qui marchera dans cette voie,
Comblé d'un éternel bonheur,
Partagera la sainte joie
Des enfans chéris du Seigneur;
Il jouira de son amour
Sans fin dans son divin séjour.

---

100. Air N°. 49 : *Wie gross ist des Allmächt'gen.*
Ou N°. 50 *ou* 51 (*air du Ps. CXVIII*).

1. Heureux qui sent son indigence!
Heureux le cœur humble et contrit

Qui n'a qu'en Dieu sa confiance !
Heureux les pauvres en esprit !
Ils s'abaissent, mais dans sa grâce,
Dieu fixe ses regards sur eux ;
Déjà sa main marque leur place
Parmi ses élus dans les cieux.

2. Heureux le fidèle qui pleure !
Le Seigneur le consolera ;
Et dans sa céleste demeure,
Un jour il le recueillera.
Heureux le Chrétien débonnaire,
Dont rien n'altère la douceur !
Il sera comblé sur la terre
De tous les bienfaits du Seigneur.

3. Heureux qui fait de la justice
L'unique objet de ses désirs !
Du haut des cieux un Dieu propice
Exauce ses pieux soupirs !
Heureux le Chrétien charitable,
Qui trouve son plus grand plaisir
A soulager le misérable ;
Son Dieu se plaît à le bénir !

4. Heureux celui dont l'ame est pure !
S'il veille avec soin sur son cœur,
S'il se garde de la souillure ;
Un jour il verra le Seigneur.

Heureux le Chrétien pacifique
Qui ne se courrouce jamais,
Et qui fuit tout sentier oblique!
Il est enfant du Dieu de paix.

5. Bienheureux qui, pour la justice
Et pour Christ est persécuté!
La foi qui le guide au supplice,
Le guide à la félicité.
Jésus, d'une gloire immortelle,
Dans les cieux le couronnera;
Dans cette demeure éternelle
Avec les saints il régnera.

---

101. Air N°. 9 : *Begleite mich, o Christ.*

1. Heureux le cœur juste et sans tache
Qui devant Dieu marche avec foi!
Heureux l'homme qui ne s'attache
Qu'aux saints préceptes de sa loi!
Qui, recherchant ses clartés pures,
Est inaccessible aux souillures
De l'odieuse iniquité;
Qui, craignant son céleste Père,
Ne sort jamais de la carrière
Où le guide la vérité!

2. Quand Dieu parle, quand il ordonne,

Si je suis toujours prêt d'agir,
A l'aspect des lois qu'il me donne,
Mon front n'aura point à rougir.
Ces lois, Seigneur! ta main propice,
Pour qu'avec soin je les remplisse,
Dans mon cœur en grava les traits;
Je veux en observer la trace;
Mais, des ressources de ta grâce,
Seigneur, ne me prive jamais!

3. Sûr de l'effet de tes promesses,
J'éprouve, au gré de mes désirs,
Que ta loi, féconde en richesses,
Procure aussi les vrais plaisirs.
Ah! donne-moi le caractère
D'un Chrétien docile et sincère,
Tout occupé de ta grandeur!
Fais que, zélé pour la justice,
Mon cœur, dans ton divin service,
Trouve sa gloire et son bonheur!

4. Dans l'aversion du mensonge
Forme et nourris mes sentimens!
Que jamais mon esprit ne songe
Qu'à tes divins commandemens!
Ouvre mon cœur à ta sagesse,
Et n'ôte point à ma faiblesse
Le fidèle appui de ton bras!

Quel mal pourrait encor m'atteindre,
Et quel péril aurais-je à craindre,
Si mon Dieu dirige mes pas !

5. Ta loi, dès ma tendre jeunesse,
Régla l'essor de tous mes vœux;
Chaque jour, sur moi ta sagesse
Répand ses rayons lumineux :
Je l'implore, je la réclame;
Laisse-moi cette auguste flamme,
Trésor qu'en mon sein j'ai caché;
Que ton divin Esprit m'assiste!
Que par sa grâce je résiste
A tous les assauts du péché!

MISÈRE DES IMPIES.

102. Air N°. 9 : *Begleite mich, o Christ.*

1. Quoi ! de son odieuse pompe,
Le méchant nous rend-il jaloux!
Faut-il qu'un vain éclat nous trompe !
Le sort du juste est-il moins doux !
Le pécheur, aujourd'hui superbe,
Demain séchera comme l'herbe
Que la faux moissonne au printemps;
Tandis que le juste modeste,
Ainsi que la palme céleste,
Brave la foudre et les autans.

2. Seule digne de notre estime
La vertu doit frapper nos yeux :
Les vils succès qu'obtient le crime
Le rendent-ils moins odieux ?
Notre téméraire prudence
Doit-elle de la providence
Sonder les éternels desseins,
Lorsqu'au mépris de sa justice,
On voit les esclaves du vice
Goûter souvent des jours sereins ?

3. En vain le méchant se confie
En sa longue prospérité ;
Le ciel enfin se justifie,
Et confond son impiété ;
Tout à coup son ame coupable,
Victime d'un Dieu qui l'accable,
Se perd dans un sombre avenir :
Sa gloire à l'instant effacée,
De sa félicité passée
Laisse à peine le souvenir.

4. J'ai vu le triomphe du crime,
J'ai vu le méchant exalté,
Au-dessus du cèdre sublime
Élever son front détesté ;
Du vice il chantait la victoire ;
Il marchait, couronné de gloire,

Aux yeux des justes éperdus;
Tout tremblait sous sa fière audace;
Je suis revenu sur ma trace,
Je le cherchais, il n'était plus.

5. Mais riche de son innocence,
Comblé, Seigneur! de tes bienfaits,
Le fidèle par ta puissance
Voit s'accomplir tous ses souhaits.
Tandis que, punissant le crime,
Ta main replonge dans l'abîme
La horde impure des pécheurs;
Le juste, guidé par ta grâce,
Voit jusqu'à sa dernière race
Se perpétuer tes faveurs.

---

103. AIR No. 4: *An Wasserflüssen Babylon.*

1. QUE pour une ame fidèle
Le Seigneur a de bonté!
Le vrai bonheur est pour elle;
Et moi j'en avais douté!
Surpris des jours agréables
Que coulaient de grands coupables,
Mes yeux en furent troublés;
Jaloux d'un sort si paisible,
Dans ma carrière pénible,
Mes pas furent ébranlés.

2. Si Dieu gouvernait la terre,
Disais-je dans mon erreur;
D'où viendrait le sort prospère
Qu'éprouve ici le pécheur?
Tandis qu'ardens à lui plaire,
Les justes dans la misère
Passent leurs jours innocens,
Verrait-on l'homme rebelle
Dans sa route criminelle
Couler des jours florissans?

3. Qu'ai-je dit? Plaintes injustes!
Ces méchans sont disparus:
Malgré leurs titres augustes,
Je les cherche; ils ne sont plus.
Que de grandeurs terrassées!
Que de pompes éclipsées!
Pompes qui m'avaient trompé;
Plus vaines que la folie
Du songe que l'on oublie,
Quand le jour l'a dissipé!

4. Des biens fragiles du monde
Je connais la vanité;
Seigneur! sur toi seul je fonde
Toute ma prospérité.
Seul tu seras mon partage,
Dieu, mon Père! je m'engage

A t'aimer, à t'obéir ;
C'est le seul bonheur durable,
La fortune véritable
Que rien ne peut me ravir.

---

104. Air *N°. 28 : O Gott du frommer Gott.*
Ou N°. 29 ou 30.

1. Quoi, mon Dieu ! le pécheur qu'épargne encor ta grâce,
De ton courroux tardif attend avec audace
Les résultats certains, les terribles effets !
Il ose, en te bravant, vieillir dans ses forfaits !

2. Peut-il persévérer dans son erreur extrême,
Et t'outrager ainsi sans se haïr lui-même ?
Ne voit-il pas s'ouvrir l'abîme du trépas,
Que ta main formidable a creusé sous ses pas ?

3. Déjà l'orage approche, une horrible tempête
Va fondre incontinent sur sa coupable tête.
Quels momens, ô grand Dieu ! quand ta sévérité
Égalera sa peine à son impiété !

4. Mortel, il en est temps, reviens à l'innocence !
Abjure tes erreurs, implore la clémence
D'un Dieu qui sait punir, mais dont le bras puissant
Épargne volontiers le pécheur gémissant.

105. Air No. 58.

1. C'est pour moi que je vis, je ne dois rien qu'à moi;
La vertu n'est qu'un nom, le plaisir est ma loi;
Ainsi dit le pécheur, mais une voix terrible
Lui fait prévoir l'arrêt d'un juge incorruptible.

2. Dans ses honteux plaisirs il cherche à se cacher;
Un éternel témoin les lui vient reprocher;
Sa conscience parle, austère, menaçante;
Elle remplit d'effroi son ame impénitente.

3. Un injuste ennemi nous a-t-il outragés?
Nous serons tôt ou tard par lui-même vengés;
De ses remords secrets éternelle victime,
Jamais le criminel ne s'absout de son crime.

4. Sous des lambris dorés le pâle ambitieux
Vers le ciel, sa terreur, n'ose lever les yeux:
Il tremble, il voit d'un Dieu la sévère justice,
Dans le sombre avenir préparer son supplice.

5. O s'il n'est point de paix, grand Dieu! pour le méchant,
Garde-moi des péchés qui causent son tourment!
Fais que, suivant ta loi, sûr de ta bienveillance,
Je goûte le repos que donne l'innocence!

106. Air N°. 47 : *Wer nur den lieben Gott.*
Ou N°. 48.

1. Le méchant a souillé la terre
Des scandales les plus affreux ;
Il semble déclarer la guerre
Au souverain maître des cieux ;
Sa criminelle impiété
Sème partout l'iniquité.

2. De la substance de leurs frères
Les biens des pervers sont grossis ;
Du pauvre ils doublent les misères ;
Dans le vice ils sont endurcis ;
Leur crime aggrave le destin
De la veuve et de l'orphelin.

3. De leur avidité farouche,
Grand Dieu ! tu vois l'horrible excès ;
Le blasphême remplit leur bouche
Au milieu de leurs vils succès.
Cependant leurs jours sont comptés,
Tu maudis leurs prospérités.

4. Le faux calme dont ils jouissent
En un moment va se troubler ;
Ils t'outragent, mais ils frémissent ;
Un souffle les fera trembler.

Ils portent, malgré leur fureur,
Leur supplice au fond de leur cœur.

5. Tes ennemis sont dans l'ivresse;
Tu dis un mot, ils ne sont plus;
Mais je verrai durer sans cesse
Le vrai bonheur de tes élus;
Ta bonté les couronnera,
Lorsque le méchant périra.

DEVOIRS ENVERS DIEU.

CULTE PUBLIC.

(Versets propres à être chantés au commencement de l'exercice religieux).

107. Air N°. 15 : *Jehovah.*

1. Dieu de bonté ! Dieu de bonté !
Qu'à ton nom soit la gloire, à toute éternité !
Amen ! Amen !
Nous unissons aux saints concerts
Qu'entonne tout l'univers
Notre humble prière :
Sois-nous propice, ô notre Père !
Alleluia ! Alleluia !

2. Dieu de bonté ! Dieu de bonté !
Que tout mortel t'honore avec sincérité
Amen ! Amen !

Puissions-nous, fermes dans la foi,
Soumis à ta sainte loi,
T'offrir, tendre Père !
Le culte qui peut seul te plaire !
Alleluia ! Alleluia !

---

108. (Verset propre à être chanté par un chœur.)

DIEU notre Père !
Bénis, éclaire
Quiconque espère
En ton amour.

---

109. AIR No. 16 : *Je chanterai, Seigneur.*
Ou No. 17.

1. SALUT, jour de repos ! où mon ame ravie
Peut méditer en paix les bienfaits du Seigneur !
Ta puissante vertu console, fortifie,
Réjouit et calme mon cœur.

2. Chrétiens ! préparons-nous ; Dieu nous ouvre son temple ;
Allons nous prosterner au pied de son autel ;
Recueillis en ce lieu, que notre ame y contemple
La majesté de l'Éternel !

3. Riches, louons en lui l'auteur de l'abondance ;
Indigens, bénissons la main qui nous nourrit ;

Et tous, glorifions un Dieu plein de clémence
Qui nous protège et nous chérit !

4. Unissons devant Dieu l'aumône à la prière !
Offrons à l'Eternel ce tribut de nos cœurs !
Que par nous soulagé, le pauvre notre frère,
Puisse enfin essuyer ses pleurs !

5. O jour de piété ! que ta sainte influence,
Vivifiant notre ame, épurant nos désirs,
Nous apprenne à trouver dans la douce innocence
Les plus nobles de nos plaisirs !

---

110. Air *N°. 28 : O Gott du frommer Gott.*
Ou N°. 29 ou 30.

1. Que du saint nom de Dieu nos temples retentissent !
Ranimons notre zèle, et que nos voix s'unissent
Aux cantiques sacrés du céleste séjour !
A louer le Seigneur consacrons ce beau jour !

2. Enfans de l'Eternel, objets de sa tendresse !
Que vos cœurs, pénétrés d'une sainte allégresse,
Expriment devant Dieu leur amour pour sa loi !
Par des vœux solennels adorez votre Roi !

3. Célébrez sa grandeur, sa puissance infinie !
Que par les doux accords d'une sainte harmonie,
Son grand nom exalté dans vos pieux concerts,
De sa gloire à jamais remplisse l'univers !

4. A son peuple chéri, propice et favorable,
Le Dieu très-haut lui tend une main secourable;
Il couvre l'innocent de son bras protecteur,
Il lui réserve au ciel un éternel bonheur.

5. Là, jouissant en paix des fruits de leur victoire,
Les justes triomphans et couronnés de gloire,
Oubliant leurs travaux, leurs peines, leurs soupirs,
Trouveront en Dieu seul l'objet de leurs désirs.

6. Bénissez donc, chrétiens, ce Dieu dont la clémence
Du salut éternel vous donna l'espérance!
Comblés de ses trésors, célébrez sa bonté,
Sa gloire et sa grandeur à toute éternité!

---

111. Air No. 4 : *An Wasserflüssen Babylon.*

1. De sa grandeur, dans son temple,
Dieu fait briller les rayons;
Les peuples suivront l'exemple
Des vœux que nous lui rendons.
Oui, Seigneur! tu le demandes,
Que les cœurs soient les offrandes
Qu'on apporte à tes autels;
Sous l'abri de ta loi sainte,
Que l'amour, et non la crainte,
Amène tous les mortels.

2. Vous qui craignez son tonnerre !
Vous qu'intimide sa voix !
Peuples des bouts de la terre,
Ah! connaissez mieux ses loix !
Que son culte vous rassemble !
Venez célébrer ensemble
Le lien qui vous unit !
Dans vos communes prières,
Offrez tous des vœux sincères
Au Père qui vous bénit !

3. Dites à ceux qui l'ignorent
Qu'il va régner en tous lieux ;
Qu'il offre à ceux qui l'implorent
Des biens plus grands que leurs vœux !
Dites au monde habitable
Que sa clémence équitable
Vient gouverner les mortels !
Et que, dans le désert même,
A sa majesté suprême
Seront dressés des autels !

4. Que le ciel, la terre et l'onde
Chantent son nom glorieux !
Que tous les êtres du monde
Mêlent leur joie à nos vœux !
Que les forêts applaudissent !
Que les campagnes fleurissent

A l'aspect de notre Roi !
Nous l'adorons, il nous aime ;
Il est la vérité même,
Et la justice est sa loi.

---

112. Air No. 52 : *Du Klagst und fühlest die Beschwerden.*

1. Eloignez-vous, soucis du monde !
Vains projets, fuyez ce saint lieu !
Ici, dans une paix profonde,
Je veux m'occuper de mon Dieu.

2. Courant de chimère en chimère,
Je ne trouve point le bonheur :
Hélas ! il n'est point sur la terre,
Dieu seul peut remplir notre cœur !

3. Nous connaissons ses lois suprêmes ;
Seul il veut être notre appui ;
Dans la nature, dans nous-mêmes,
Tout l'annonce et parle de lui.

4. Mais c'est dans les saints tabernacles
Que sa voix surtout nous instruit ;
Là, nous entendons ses oracles,
Et nous en recueillons le fruit.

5. C'est là que notre cœur s'épure,
Là que brille la vérité ;

Là que le pécheur se rassure
Aux pieds d'un Dieu de charité.

6. Loin de moi donc, soucis du monde !
Vains projets, fuyez ce saint lieu !
Ici, dans une paix profonde,
Ce qui m'occupe, c'est mon Dieu.

---

113. Air No. 20 : *Lob, Ehr und Preis.*
Ou No. 21, 22 *ou* 23.

1. A ton culte nous consacrons
Cette heure solennelle !
Dieu créateur, nous célébrons
Ta puissance immortelle !
Nous adorons ta majesté,
Ta justice, ta vérité,
Ta sagesse éternelle !

2. Nous t'invoquons, ô bon Sauveur !
Adorable victime,
Qui délivras l'homme pécheur
De la mort et du crime!
Grave ta loi dans notre cœur !
Qu'à jamais, divin Rédempteur,
Ta charité l'anime !

3. Et toi, source des plus beaux dons,
Esprit saint ! purifie

Ces cœurs que nous te consacrons !
Console, fortifie
Ceux que Jésus a rachetés !
Adoucis les adversités
Qui troublent notre vie !

---

114. Air No. 8 : *Beschränkt, ihr Weisen.*

1. Roi des Rois Eternèl, mon Dieu !
Combien j'aime tes tabernacles !
Que ne puis-je dans ce saint lieu
Sans cesse écouter tes oracles !
Tu parles, et mes sens ravis
Ne respirent que tes parvis ;
Ici, célébrant ta puissance,
Mon cœur jouit de ta présence ;
Mon ame vers toi s'élevant,
Cherche ta face, ô Dieu vivant !

2. Que ces momens sont précieux,
Où ton saint temple est ma retraite !
Où tu me dispenses des cieux
Les trésors que mon cœur souhaite !
Dans mes besoins spirituels
J'accours au pied de tes autels ;
Ici, Seigneur, tout me retrace
Les dons célestes de ta grâce ;

Heureux qui vient dans ta maison
Te présenter son oraison!

---

115. Air No. 38 : *Schwing dich auf zu deinem Gott.*

1. Nous t'invoquons, ô grand Dieu!
Nous cherchons ta face;
Fais sur nous, dans ce saint lieu,
Descendre ta grâce!
Prête l'oreille à nos chants!
Reçois nos prières!
Et répands sur tes enfans
Tes dons salutaires!

2. Que ta parole, Seigneur,
Remplisse de zèle,
De piété, de ferveur,
Ton peuple fidèle!
Fais qu'éprouvant de la foi
La sainte influence,
Il fonde à jamais sur toi
Sa ferme espérance.

3. Ouvre nos cœurs à la voix
De ton Evangile!
Rends à tes divines lois
Notre ame docile!
Fais qu'avec humilité

Tout mortel t'honore !
Qu'en esprit, en vérité,
L'univers t'adore !

---

116. Air No. 55 : *Liebster Jesu, wir sind hier.*

1. Dans ton temple, ô mon Sauveur !
Je viens chercher la lumière ;
Que ta voix touche mon cœur !
Que ta parole m'éclaire !
Que mon ame recueillie,
En ce saint lieu s'humilie !

2. O Seigneur ! accorde-moi
Ta favorable assistance !
Aux préceptes de ta loi
Ouvre mon intelligence !
Communique à ma faiblesse
Les trésors de ta sagesse !

3. Daigne, comblant tous mes vœux,
M'affermir dans la justice ;
Et sur moi, du haut des cieux,
Jeter un regard propice !
O mon Sauveur ! ô mon Père !
Daigne exaucer ma prière !

117. Air N°. 46 : *Wachet auf, ruft uns die.*

1. Adorez Dieu votre Père !
Contemplez, enfans de lumière,
Ses attributs majestueux !
Que tout ici vous rappelle
Sa bonté, sa grâce immortelle !
Exaltez son nom glorieux !
Béni soit l'Eternel !
Qu'en ce jour solennel,
Tout fidèle,
Plein de ferveur,
Ouvre son cœur
A la voix de son créateur !

2. Fais sur nous luire ta face,
Dieu tout-puissant, Père de grâce,
En ces momens religieux !
Que ta parole de vie
Nous éclaire, nous fortifie,
Et guide nos cœurs vers les cieux !
Comble-nous à jamais
Des trésors de ta paix !
Sanctifie
Tous nos désirs,
Tous nos plaisirs,
Et daigne exaucer nos soupirs !

118. AIR N°. 1 : *Ach Gott und Herr.*

1. Jour du Seigneur !
J'ouvre mon cœur
A ta douce lumière :
Jour solennel !
A l'Eternel
Consacre ma prière !

2. Dieu tout-puissant !
Dieu bienfaisant !
J'ai besoin de ta grâce.
Eclaire-moi !
Soutiens ma foi !
Je viens chercher ta face.

3. Ta vérité,
Ta charité,
Brillent dans ta parole :
Seule elle instruit,
Guide et conduit
Notre ame et la console.

4. J'entends ta voix ;
Tes saintes lois
Ne sont point difficiles ;
Viens les graver,
Les conserver
Dans des ames dociles !

(Pour terminer l'exercice).

119. Air No. 45 : *Wie herrlich strahlt der*

1. Daigne, au sortir de ce saint lieu,
Bénir ton peuple, ô notre Dieu!
Qu'il garde ta mémoire!
Sois sa force, sois son appui!
Et laisse arriver jusqu'à lui
Un rayon de ta gloire!
Amen!
Amen!
Purifie,
Sanctifie,
Régénère
Nos ames par ta lumière!

120. Air No. 56 : *Ein feste Burg ist unser.*

1. Béni soit ton nom glorieux,
O charitable Père!
Qui fais sur nous, du haut des cieux,
Descendre ta lumière!
Mets à tes bienfaits
Le comble, Seigneur!
Donne-nous ta paix!

Et remplis notre cœur
Du désir de te plaire !

2. Nous avons imploré, grand Dieu,
Ta céleste assistance !
En tout temps, Seigneur, en tout lieu,
Sois notre délivrance !
Sois, dès aujourd'hui,
Notre protecteur,
Notre ferme appui,
Notre libérateur,
Notre unique espérance !

---

121. Air No. 19 : *Kommt her zu mir spricht, etc.*
Ou, en réunissant deux versets en un, air du Ps. XXXVI.

1. Tes biens, ô Dieu ! sont infinis ;
Tu nous as donné ton cher fils,
L'image de ta gloire ;
De cette immortelle faveur
Puissions-nous à jamais, Seigneur,
Conserver la mémoire !

2. Enflamme-nous d'amour pour toi !
Fais que, de ta divine loi,
La céleste lumière
Nous guide au sentier de la paix !
Et que notre ame, désormais,
N'aspire qu'à te plaire !

BAPTÊME.

(Verset propre à être chanté à l'occasion d'un baptême.)

122. Air No. 38 : *Schwing dich auf zu deinem Gott.*

Jette, ô Dieu, sur cet enfant,
Un regard propice !
Puisse-t-il, en te servant,
Détester le vice !
Puisse-t-il, dans ton amour,
O céleste Père !
S'affermir de jour en jour,
Te craindre et te plaire !

RENOUVELLEMENT DE L'ALLIANCE BAPTISMALE.

123. (Verset propre à être chanté par un chœur ou par l'assemblée.)

Suivez, enfans, avec zèle,
Suivez le divin modèle
Que Jésus vous a donné !
Qui, dans la foi persévère,
Devant le céleste père,
Un jour sera couronné.

124. Air N°. 49 : *Wie gross ist des Allmächt'gen.*
Ou N°. 50 *ou* 51 (*air du Psaume CXVIII*).

(Chant des Catéchumènes avant l'acte.)

1. La voici, l'heure fortunée
Où je me voue à l'Eternel;
Quelle sublime destinée !
Dieu m'ouvre son sein paternel.
J'embrasse sa loi salutaire ;
Les nœuds qui m'attachent à lui,
Mon cœur attendri les resserre,
Et les sanctifie aujourd'hui.

2. Sa paternelle Providence
Veilla sur mes premiers instans ;
Il répandit sur mon enfance
Les plus riches de ses présens :
Il fut l'ami de ma jeunesse,
Mon protecteur et mon soutien ;
Sa voix m'inspira la sagesse,
Le goût du vrai, l'amour du bien.

3. Il veut, en ce moment encore,
Écouter mes faibles accens ;
Dans ce temple, où mon cœur l'implore,
Il va recevoir mes sermens :
A tant de faveurs signalées

Serais-je donc indifférent !
Non, tes grâces accumulées,
Seigneur, ont touché ton enfant !

(Après l'acte).

4. Je l'ai promis, je crois au Père,
Auteur et bienfaiteur de tous ;
Au Saint-Esprit qui nous éclaire,
Au fils qui s'immola pour nous.
Jésus-Christ sera mon modèle ;
La vertu, mon plus grand bonheur ;
Mon espoir, la vie éternelle ;
Ma crainte, celle du Seigneur.

5. Que si jamais, dans ma faiblesse,
J'oublie, ô Dieu ! ces saints projets ;
Retrace à mon cœur sa promesse !
Toi-même excite mes regrets !
Puisse alors mon ame épurée,
Plus digne de t'offrir ses vœux,
Rentrer dans la route sacrée
Qui seule nous conduit aux cieux !

(Chant de l'assemblée).

125. Air N°. 20 : *Lob Ehr und Preis.*
Ou N°. 21, 22 *ou* 23

1. Esprit du Dieu de vérité

Source de la lumière !
Auteur de toute sainteté,
De tout don salutaire !
Nous t'implorons pour nos enfans;
Daigne exaucer en ces momens
Notre ardente prière !

2. Veuille soumettre leurs penchans
Au joug de l'Evangile !
Garder des conseils des méchans
Leur jeunesse fragile!
Enrichis leur cœur de tes dons,
Fais qu'à tes célestes leçons
Leur ame soit docile !

3. Puissent-ils, guidés par ta loi,
Marchant dans l'innocence,
Eprouver, Seigneur, de la foi
La divine influence !
Assure, affermis tous leurs pas !
Accorde-leur jusqu'au trépas
Ta puissante assistance !

SAINTE CÈNE.

426. Air No. 28 : *O Gott du frommer Gott.*
Ou No. 29 ou 30.

1. Venez, chrétiens pieux; venez, peuple fidèle !

Faisons en ce beau jour éclater notre zèle !
Célébrons de concert le repas solennel
Qu'institua pour nous le Fils de l'Eternel !

2. La veille de sa mort il établit la Cène ;
Il veut, tel est l'esprit de sa loi souveraine,
Que de sa table sainte et le pain et le vin
Retracent à nos cœurs ses tourmens et sa fin.

3. Ainsi, Seigneur Jésus ! ta dernière parole
Nous calme, nous instruit, nous touche, nous console :
Tu montres à nos yeux dans ce saint sacrement
De ton amour pour nous le plus beau monument.

4. Comme à nos corps le pain offre leur nourriture,
Ton corps rompu pour nous, manne céleste et pure,
Rend la force à notre ame et remplit notre cœur
Du consolant espoir d'un éternel bonheur.

5. Non content de subir, pour racheter mon ame,
Une cruelle mort sur une croix infâme,
Des biens que tu promets aux élus dans les cieux,
Tu m'as laissé, Seigneur, ce gage précieux.

6. Je viens le recevoir, cet ineffable gage;
Je veux, brûlant de zèle, en faire un saint usage;

Et m'élevant à toi, Seigneur! pour te bénir,
Célébrer de ta mort le touchant souvenir.

---

127. AIR N°. 28 : *O Gott du frommer Gott.*
Ou N°. 29 ou 30.

1. RECONNAISSONS, chrétiens, du Sauveur charitable
La voix qui nous appelle à sa céleste table!
Pour combler tous nos vœux, ô prodige d'amour!
Il vient s'unir à nous lui-même en ce saint jour.

2. Notre grand Rédempteur est le vrai pain de vie;
C'est lui qui nous soutient, lui qui nous fortifie;
Ce repas, monument de ses divins bienfaits,
Nous rappelle sa mort qui nous rendit la paix.

3. Son corps rompu pour nous est la manne excellente
Qu'en ce jour de salut le Sauveur nous présente:
Quiconque s'en repaît avec humilité,
Tient un gage assuré de l'immortalité.

4. Son sang qui nous acquit le céleste héritage,
Sang pour nous répandu, qu'il offre pour breuvage,
Soulage notre cœur, adoucit tous nos maux,

Nous rassure et nous change en des hommes nouveaux.

5. Quiconque l'a reçu n'a plus l'ame altérée
Ni de la vaine gloire en ce monde adorée,
Ni de la soif de l'or, ni de honteux plaisirs ;
Il sait en l'Éternel borner tous ses désirs.

6. Désormais, au Seigneur dévouant tout son être,
Il ne respire plus que pour Jésus, son maître ;
Il le sert, il l'adore, et docile à sa voix,
Il n'a plus d'autre but que d'observer ses lois.

7. Cherchons donc en Jésus la vie et la justice,
Appliquons-nous les fruits de son grand sacrifice ;
Heureux le vrai chrétien qui, de bouche et de cœur,
Dans ce repas sacré s'unit au Rédempteur !

8. Puisse ainsi tout ton peuple, enrichi de tes grâces,
Animé d'un saint zèle, et marchant sur tes traces,
Te retrouver, Seigneur, dans cet heureux séjour
Où tu combles tes saints des fruits de ton amour !

---

128. Air N°. 49 : *Wie gross ist des Allmacht'gen.*
Ou N°. 50 ou 51 (air du Ps. CXVIII).

1. Ranime tes concerts antiques,

O sainte église du Seigneur !
Dans tes mélodieux cantiques
Célèbre ton divin pasteur !
A tes souhaits toujours propice,
Et toujours prêt à te bénir,
Il veut de son grand sacrifice
Te retracer le souvenir.

2. A la Cène le Christ t'appelle ;
Reçois, reçois en ce beau jour
Le pain de la vie éternelle,
Gage assuré de son amour !
Avec lui, Jésus donne au monde
L'espoir de ses biens immortels ;
Sa grâce, en richesses féconde,
S'offre à ta foi sur ces autels.

3. En célébrant la Pâque antique
Avec ceux que son cœur chérit,
Il leur donne le pain mystique
Et le calice qu'il bénit.
Leur annonçant par cette image
Les supplices qu'il va subir,
Il veut que les siens d'âge en âge
En conservent le souvenir.

4. Ainsi de sa tendresse extrême
Éternisant les derniers traits,
L'acte qu'il célèbre lui-même

Est pour son peuple un ordre exprès.
Il veut que le troupeau qu'il aime,
Animé des plus saints transports,
Reçoive ici l'auguste emblème
Et de son sang et de son corps.

5. On voit le juste et le coupable
Aller à ce banquet divin,
Se ranger à la même table,
Et se nourrir du même pain.
Le faible ici se fortifie;
Le pécheur reçoit son pardon;
Le Seigneur y donne la vie
A quiconque invoque son nom.

6. Chrétiens voués à son service,
Puisse, en nous guidant sur ses pas
La faim, la soif de la justice,
Nous amener à ce repas!
Recevons la céleste manne
Que Christ destine à ses enfans;
Mais loin d'ici l'homme profane
Dont il réprouve les penchans!

7. De sa coupable hypocrisie
Quel serait le funeste sort!
Hélas! où nous cherchons la vie,
Il ne trouverait que la mort.
De sa fatale impénitence,

Evitant l'exemple odieux,
Ah! sondons notre conscience
En ces momens religieux!

8. Puisse l'auteur de toute grâce,
Exauçant ici nos soupirs,
Faire sur nous luire sa face
Et remplir nos pieux désirs!
Puisse l'Esprit qu'il nous envoie,
En sanctifiant notre cœur,
Affermir nos pas dans la voie
Qui seule conduit au bonheur!

---

129. Air N°. 49 : *Wie gross ist des Allmächt'gen.*
Ou N°. 50 *ou* 51 (*air du Ps. CXVIII*).

1. Céleste voix qui nous convies
Au festin de la charité!
Tu combles nos ames ravies
De joie et de félicité!
Nous volons, Seigneur, à ta table,
Brûlant d'amour et pleins de foi,
Pour goûter ta grâce ineffable
Et pour nous consacrer à toi!

2. Approchez, ames accablées
Sous le fardeau de vos péchés!
Approchez, soyez consolées,

Voici les biens que vous cherchez !
Du haut du trône de la grâce
Jésus-Christ vous appele à lui ;
Cherchez, dit-il, cherchez ma face,
Venez, je serai votre appui !

3. Vous tous qui, privés d'espérance,
Passez de chagrin en chagrin !
Vous dont le malheur, l'indigence,
Les soucis déchirent le sein !
Approchez, répandez vos larmes
Aux pieds de votre Rédempteur !
Il saura calmer vos alarmes,
Mettre un terme à votre douleur.

4. Chrétiens ! célébrons la mémoire
D'un bienfaiteur si généreux,
Jusqu'au jour où, brillant de gloire,
Il viendra nous ouvrir les cieux !
Là, nous offrirons nos louanges
Au Fils éternel du Dieu fort,
Au Roi des hommes et des Anges
Qui nous a sauvés par sa mort.

5. O mort sanglante et douloureuse
Du céleste médiateur !
Que ta mémoire est précieuse !
Tu nous as rendu le bonheur.
Fais, Seigneur, que, suivant tes traces,

Pour te témoigner notre ſoi,
Comblés de tes divines grâces,
Nous ne vivions plus que pour toi!

---

130. Air N°. 49 : *Wie gross ist des Allmächt'gen.*
Ou N°. 50 ou 51 (air du Ps. CXVIII).

1. Quelle faveur inestimable
Pour un misérable pécheur!
Le Roi qui m'invite à sa table,
Est le Fils de mon Créateur!
Ah! que ta charité m'inspire,
Seigneur, les plus viſs sentimens!
Puisse mon cœur à ton empire
Soumettre tous ses mouvemens!

2. Pour bien célébrer ta mémoire,
O Jésus! en cet heureux jour,
Il faut se repentir et croire,
Et te vouer un saint amour.
Je me repens, Seigneur, je t'aime,
Je veux me consacrer à toi:
Puisse, dans ma faiblesse extrême,
Ton secours augmenter ma ſoi!

3. Ah! viens, achevant ton ouvrage,
Par ton Esprit toucher mon cœur,
Me transformer à ton image,
Détruire en moi l'homme pécheur!

8

J'espère en toi, l'ame ravie,
Seigneur! je recevrai ton corps;
Sûr de trouver en toi la vie,
Quand je descendrai chez les morts.

---

131. AIR N°. 47 : *Wer nur den lieben Gott lässt.*
Ou N°. 48.

1. JÉSUS à sa table sacrée
Daigne m'inviter aujourd'hui.
Mon ame est-elle préparée?
Puis-je paraître devant lui?
Il est mon Roi, le saint des saints,
Il sonde les cœurs des humains!

2. Ah! Seigneur, mon esprit se trouble
Et mon cœur est saisi d'effroi;
Près de toi ma frayeur redouble:
Qui suis-je pour m'unir à toi?
Un homme, un malheureux pécheur
Peut-il prétendre à tant d'honneur!

3. Non, Jésus! je ne suis pas digne
De ton amour, de tes faveurs.
Mais ta bonté, ta grâce insigne
Dissipent mes justes frayeurs.
Par le sang que tu répandis
Mes péchés me seront remis.

4. Quand j'ose appliquer à mon ame
Tes saints mérites par la foi,
Je sens ton amour qui m'enflamme;
Tout mon désir est d'être à toi.
Je te dois ma paix, mon bonheur;
Habite à jamais dans mon cœur.

---

132. Air No. 47 : *Wer nur den lieben Gott lässt.*
Ou No. 48.

1. Le monument de tes souffrances,
Quel touchant spectacle, Seigneur!
Mes devoirs et mes espérances
Vont s'y retracer à mon cœur.
Comblé de ta céleste paix,
J'y découvre tous tes bienfaits.

2. Des biens dont tu comblas la terre,
Combien je me plais à nourrir,
En t'adorant d'un cœur sincère
Le sublime et doux souvenir!
Je me rappelle chaque jour
Ce que fit pour moi ton amour.

3. Dans ce moment où je t'implore,
Tu me pardonnes mes erreurs,
Et tu vas me combler encore
De tes immortelles faveurs;

Pour tant de biens, pour tant d'amour,
Puis-je assez t'aimer à mon tour!

4. Viens triompher de ma faiblesse,
Je veux, ô Sauveur des humains,
Te prouver ma vive tendresse
En suivant tes préceptes saints!
Heureux qui, docile à ta voix,
S'attache à pratiquer tes lois!

---

133. Air No. 37 : *Schmücke dich, o liebe Seele.*

1. Jésus, Sauveur adorable,
Tu m'appelles à ta table!
Plein d'amour, plein de tendresse,
Tu viens calmer ma détresse.
Pour me relever toi-même,
Divin fils du Dieu suprême!
Tu m'offres dans ta clémence
Le pardon de mon offense.

2. En ce lieu tout me retrace
Les prodiges de ta grâce;
Dans ce pain, dans ce calice,
Images du sacrifice
Qui me procura la vie,
Je vois Christ qui s'humilie
Pour sauver l'homme rebelle

D'une misère éternelle.

3. Tout rappelle à ma mémoire
Le sang propitiatoire
Que, pour effacer mon crime,
Tu versas, sainte victime!
Puisse, par toi rassurée,
Mon ame régénérée,
T'exprimer, Dieu de clémence,
Sa vive reconnaissance!

4. A tes pieds, Sauveur fidèle!
En ce jour je renouvelle
L'alliance qui m'assure
La félicité future.
Ah! par ta mort salutaire,
Du céleste sanctuaire
Déjà la porte éclatante
S'ouvre à l'ame pénitente.

5. De cette faveur insigne,
Hélas! je ne suis pas digne;
Daigne, selon ta promesse,
Suppléer à ma faiblesse!
Seigneur, que ma repentance
Trouve grâce en ta présence!
Fais que ce repas de vie
Dans la foi me fortifie!

6. Dans mon ame, dès cette heure,

Ah ! viens faire ta demeure !
Que, par toi seul délivrée,
A ta gloire consacrée,
Désormais elle n'aspire
Qu'à vivre sous ton empire,
Qu'à mettre à profit tes grâces,
Seigneur, en suivant tes traces !

(Après la sainte Cène.)

134. Air N°. 28 : *O Gott du frommer Gott.*
Ou N°. 29 *ou* 30.

1. Tout s'unit pour me dire : Aime Jésus ton maître !
C'est à lui que tu dois ton salut, ton bien-être ;
Il t'aima le premier, il faut que son amour
Dans ton ame enflammée excite un saint retour.

2. Je veux, ô mon Sauveur ! de ta grâce immortelle
Conserver à jamais un souvenir fidèle ;
A moi tu t'es uni toi-même en ce beau jour,
Il est juste qu'à toi je me donne à mon tour.

3. O mon ame, bénis sa clémence admirable !
En m'appelant lui-même à sa céleste table,
Il vient de m'y combler de ses plus grands bienfaits,

Et de me prodiguer les douceurs de sa paix.
4. Enrichi de tes biens, rempli de gratitude,
De ta divine loi je ferai mon étude;
Je vivrai, je mourrai content, ô mon Sauveur!
Sur ton sang, sur ta mort je fonde mon bonheur.
5. Divin médiateur, mon unique espérance!
Je mets en ton secours toute ma confiance;
Garde-moi de tout mal, viens augmenter ma foi,
Et fais-moi du péché triompher avec toi!

PRIÈRE.

135. Air No. 49: *Wie gross ist des Allmächt'gen.*
Ou No. 50 *ou* 51 (*air du Ps. CXVIII*).

1. O Dieu! dans la nature entière
Je vois un temple autour de moi;
Là je t'adresse ma prière;
En me prosternant devant toi!
Je vois ta céleste puissance
Remplir toute l'immensité;
Environné de ta présence
Je contemple ta majesté!

2. Je sais que ma faiblesse extrême
N'ajoute rien à ta grandeur;
Mais je m'acquitte envers moi-même

D'un devoir qui me rend meilleur.
Je prie, et mon ame attentive
Aux preuves de ta charité,
S'échauffe et devient plus active
Pour le bien de l'humanité.

3. Je prie, et du jour qui va luire
Je me trace l'utile emploi;
Je vois, Seigneur, pour me conduire,
Ta droite s'étendre sur moi!
Je prie; et si je fus coupable,
Je prends, à tes pieds abattu,
L'engagement inviolable
De retourner à la vertu.

4. Si dans un avenir funeste
Mon œil se perd avec effroi,
L'unique douceur qui me reste
C'est d'élever mon ame à toi;
Je prie, et bientôt mes alarmes
Font place à la sérénité;
Je prie, et les plus douces larmes
Soulageent mon cœur agité.

5. Non, jamais tu ne rends frivoles
Les vœux que j'ose t'adresser;
Tu m'exauces, tu me consoles,
Quand tu ne dois pas m'exaucer.
Ainsi, Seigneur, chaque prière

Rend heureux ton adorateur !
Affligé, je prie et j'espère;
Coupable, je deviens meilleur.

---

136. Air No. 49 : *Wie gross ist des Allmächt'gen.*
Ou No. 50 *ou* 51 *(air du Ps. CXVIII).*

1. Dieu, souverain maître du monde !
Tes bienfaits sont illimités ;
Aux cieux, sur la terre et dans l'onde,
Partout éclatent tes bontés.
Dans ses maux et dans sa détresse
A toi l'homme ose recourir ;
Il t'invoque dans sa faiblesse,
Et ton bras vient le secourir.

2. Être puissant en qui j'espère,
O mon appui ! mon Rédempteur !
Quand je t'adresse ma prière,
Que ton Esprit parle à mon cœur !
Les biens, les grandeurs de la terre
Ne sont point l'objet de mes vœux ;
Content du simple nécessaire,
Avec lui je me trouve heureux.

3. Mais, fais que l'Esprit de sagesse
M'éclaire et me guide vers toi ;
Que moi-même je me connaisse,

Que j'observe ta sainte loi !
Ni les honneurs, ni l'opulence
Ne répondraient à mes désirs;
Hors des sentiers de l'innocence,
Est-il, grand Dieu, de vrais plaisirs?

4. Inspire-moi ce vrai courage
Qui supporte l'adversité !
Accorde-moi d'être humble et sage
Au sein de la prospérité !
Fais qu'enfin mon ame immortelle,
Pleine d'espérance et de foi,
S'élève à la voûte éternelle,
Et trouve grâce devant toi !

(Oraison dominicale.)

137. Air N°. 43 : *Vom himmel hoch.*
Ou airs des Psaumes C, CXXXI ou CXXXIV.

1. Père plein de grâce et d'amour,
Toi qui nous bénis chaque jour,
Exauce-nous du haut des cieux !
Tu peux seul remplir tous nos vœux !

2. Qu'en tous climats du fond du cœur
L'homme à ton saint nom rende honneur !
Que partout il t'offre avec foi
Le culte qui n'est dû qu'à toi !

3. Étends, par ton divin Esprit,
Le règne auguste de ton Christ;
Et que chaque jour ses progrès
Nous comblent de nouveaux bienfaits!

4. Fléchis notre insensible cœur,
Et que ta volonté, Seigneur,
Soit, d'un accord universel,
Faite en la terre comme au ciel!

5. Ouvre ta charitable main!
A tes enfans donne leur pain!
Puissent-ils, en le recevant,
T'offrir un cœur reconnaissant!

6. Malgré nos péchés, Dieu tout bon!
Accorde-nous notre pardon,
Comme nous usons de support
Envers ceux qui nous ont fait tort!

7. Que jamais notre cœur séduit
A t'offenser ne soit conduit!
Mais viens nous délivrer, Seigneur,
Des cruels assauts du malheur!

8. La puissance et la majesté
Sont à toi pour l'éternité;
Daigne nous accorder les dons
Qu'avec foi nous te demandons!

CONSÉCRATION DE NOUS-MÊMES A DIEU.

138. Air No. 60.

1. Seigneur, entends ma voix ! c'est mon cœur qui m'inspire ;
La piété m'amène aux pieds de tes autels.
J'y viens t'offrir les vœux d'une ame qui n'aspire
Qu'à mériter ta grâce et tes dons immortels.

2. Comme on voit des gazons s'élever la rosée
Quand l'astre du matin y répand ses ardeurs,
Ou comme on sent le soir sur la terre embrasée
Les parfums s'exhaler du calice des fleurs ;

3. Ainsi, dès que mes yeux s'ouvriront à l'aurore,
De mon cœur attendri tu recevras l'encens ;
Et le déclin du jour verra renaître encore
De mon amour pour toi les transports ravissans.

4. De l'austère sagesse apprends-moi le langage,
Et rends-moi prompt à fuir le sentier écarté
De ces hommes pervers dont la langue t'outrage,
Et dont le cœur impur vomit l'iniquité.

5. Hélas ! qui peut compter les écueils dont m'entoure
La lâche impiété de ce monde pervers ?

Grand Dieu! que j'ai besoin que ta main me secoure
Contre l'affreux torrent de tant de maux divers!

6. Garde-moi donc, Seigneur! ah! seul de l'innocence
Tu peux me conserver le trésor précieux!
Fais qu'abhorrant le mal, plein de foi, d'espérance,
Dans le chemin du ciel je marche sous tes yeux!

---

139. AIR N°. 16 : *Je chanterai, Seigneur.*
Ou N°. 17.

1. LE Dieu qui m'a formé veut aussi me conduire,
Il sait l'art de me rendre attentif à sa voix;
Il m'aime, il me console, il se plaît à m'instruire
Dans la sagesse de ses lois.

2. D'un Père tel que lui j'ai droit de tout attendre;
Il pourvoira lui-même à mes moindres besoins;
Je veux d'un bienfaiteur, et si sage et si tendre,
Mériter à jamais les soins.

3. Fixe un cœur qui chancelle à la plus faible atteinte,
Sois avec moi, Seigneur, et dirige mes pas!

Tu me verras alors marcher sans nulle crainte
Jusque dans l'ombre du trépas.

4. Objet d'une éternelle et tendre complaisance,
Je parviendrai, Seigneur, à la sainte cité,
Où tu veux assurer par ta seule présence
Ma parfaite félicité !

---

140. Air No. 49 : *Wie gross ist des Allmächt'gen.*
Ou No. 50 ou 51 (air du Ps. CXVIII).

1. Seigneur, dès ma plus tendre enfance
J'éprouvai tes divins bienfaits ;
Je veux de ma reconnaissance
T'offrir l'hommage désormais !
O monde fragile et volage !
En vain tu m'offres ta faveur ;
J'y renonce : mon seul partage
Sera de servir le Seigneur.

2. Dieu règne en Père dans mon ame ;
Il en remplit tous les désirs ;
Le pur amour dont il l'enflamme
L'emporte sur tous les plaisirs.
Si je m'égare, il me rappelle,
Il me tend sa puissante main ;
Il rend sa ferveur à mon zèle,
Et me ramène au droit chemin.

3. Si mon cœur constant et fidèle
Lui conserve tout son amour,
Une récompense éternelle
En sera le riche retour.
O monde fragile et volage!
En vain tu m'offres ta faveur;
J'y renonce; mon seul partage
Sera de servir le Seigneur.

---

141. Air N°. 53 : *Was sorgst du ängstlich für dein Leben.*

1. Que le Seigneur est admirable!
Que sa richesse est adorable
Et sur la terre et dans les cieux!
De sa bonté, de sa puissance,
De sa suprême intelligence,
Quels traits partout frappent mes yeux!

2. Je vois l'auteur dans son ouvrage;
Partout je contemple l'image
De ses hautes perfections;
A son ordre tout est fidèle;
Seul, hélas! serais-je rebelle
A ses charitables leçons!

3. Eh quoi! du couchant à l'aurore,
Du Dieu que l'univers adore
Tout me révèle la grandeur!

Moi, sourd à sa voix paternelle,
J'hésiterais, lorsqu'il m'appelle,
A lui vouer aussi mon cœur !

4. Non, grand Dieu ! je suis ton image ;
Je veux te rendre mon hommage;
Je veux à mon tour te bénir ;
Fidèle à ta volonté sainte,
Dans ton amour et dans ta crainte,
Je veux, Seigneur, vivre et mourir !

---

142. AIR N°. 52 : *Du klagst und fühlest die Beschwerden.*

1. JE veux, plein de reconnaissance,
O Dieu ! te consacrer mon cœur ;
T'aimer avec persévérance
Est mon devoir et mon bonheur.

2. Oui, je le sens, ta voix m'appelle.
Qui peut m'arrêter un moment ?
Tu créas mon ame immortelle
Pour t'aimer éternellement.

3. De ton amour, de ta clémence,
Ah ! loin de vouloir abuser,
Je redoute moins ta vengeance
Que le malheur de t'offenser.

4. Te servirais-je par contrainte !

Pour tant de bonté quel retour !
Ah ! si mon cœur connaît la crainte,
C'est celle qui naît de l'amour.

5. Au sein même de la souffrance
De ta grâce je sens l'effet.
Tu veux éprouver ma constance :
Mon mal est un nouveau bienfait.

6. Non, Seigneur, il n'est point pénible
De te chérir, d'aimer ta loi !
Puissé-je, à tes faveurs sensible,
Ne m'éloigner jamais de toi !

---

143. Air N°. 64 : *Ach bleib mit deiner Gnade.*

1. Mon salut ! ma lumière !
Source des dons parfaits !
Seigneur ! toute la terre
Jouit de tes bienfaits.

2. Tous les êtres s'attendent
A ta gratuité ;
Sur tous tes soins s'étendent,
O Dieu de charité !

3. De toi, bonté suprême !
Me vient tout mon bonheur.
N'ayant rien par moi-même,
Je t'offrirai mon cœur.

4. Reçois le sacrifice
De mes plus chers penchans,
Je voue à ton service,
Seigneur! tous mes instans.

5. A t'aimer, à te plaire,
A pratiquer ta loi,
Je m'applique, ô mon père!
Toi-même assiste-moi!

6. Des prestiges du monde
Garde mon faible cœur!
Que ton esprit seconde
Ma pieuse ferveur!

AMOUR ET CRAINTE DE DIEU.

144. Air N°. 28 : *O Gott du frommer Gott.*
Ou N°. 29 ou 30.

1. Le Souverain des cieux commande que je l'aime;
Il veut que, pénétré de sa bonté suprême,
Enrichi de ses biens, à lui seul dévoué,
J'offre à ses pieds l'encens d'un cœur sanctifié.

2. O toi qui seul soutiens ma fragile existence;
Que de droits n'as-tu pas à ma reconnaissance!
Tes soins à chaque instant préviennent mes souhaits,

Et je compte, Seigneur, mes jours par tes bienfaits.

3. O prodige d'amour, ô charité suprême!
Pour combler ces bienfaits tu donnes ton Fils même;
Il sauve l'homme ingrat, esclave de l'erreur;
Le sang de Jésus-Christ cimente son bonheur.

4. La mère à son enfant montre moins de tendresse
Que Dieu n'en montre aux siens, notre sort l'intéresse;
De nos cœurs égarés il attend le retour;
Pourrions-nous méconnaître un si touchant amour?

5. Consacrons notre vie à ce maître adorable!
Au plaisir de l'aimer, nul bien n'est comparable;
Son joug est pour qui l'aime un joug plein de douceur,
Son règne donne seul la paix à notre cœur.

6. Je t'aime, ah! qu'à jamais ton Esprit dans mon ame
Entretienne et ranime une si belle flamme!
Par ton divin amour, captive-moi, Seigneur!
Enchaîne mes désirs, règne seul dans mon cœur!

145. AIR No. 28 : *O Gott du frommer Gott.*
Ou No. 29 ou 30.

1. RESPECTE, crains, mortel, le Maître du tonnerre,
Dont le bras fait trembler et le ciel et la terre !
Mais ne redoute point ceux dont tous les efforts
Ne peuvent aboutir qu'à détruire ton corps.

2. D'une imposante voix la nature publie
Sa grandeur, son pouvoir et sa gloire infinie ;
A son ordre tout cède en ce vaste univers ;
Son nom est redouté jusqu'au fond des enfers.

3. Borne donc tous tes vœux à l'aimer, à lui plaire,
A chercher en Jésus sa grâce salutaire !
Contemple avec respect ses justes jugemens,
Et pratique avec soin ses saints commandemens !

4. Puisse ainsi notre cœur, soumis à ta loi sainte,
En te craignant, Seigneur, n'avoir nulle autre crainte !
C'est là le tout de l'homme et sa félicité ;
C'est là le vrai chemin de l'immortalité.

LOUANGES DE DIEU.

146. AIR No. 16 : *Je chanterai, Seigneur.*
Ou No. 17.

1. QU'EN ton honneur ma bouche entonne un saint cantique,
Pour annoncer, grand Dieu, ta gloire et tes bienfaits!
Que mon soin le plus doux, que mon étude unique
Soit de les chanter à jamais!

2. Mortels, adorez Dieu, célébrez sa puissance!
Mais conservez l'espoir d'éprouver sa bonté;
S'il est juste, il est bon; comptez sur sa clémence,
Si vous fuyez l'iniquité!

3. Que de grâces, Seigneur, ta bonté nous dispense!
Ah! tes faveurs sans nombre étonnent ma raison!
Bienfaiteur des humains, que la reconnaissance
Dans tous les cœurs grave ton nom!

4. Ces biens qu'autour de moi tu te plais à répandre,
Puis-je les contempler d'un œil indifférent?
De l'amour infini du Père le plus tendre
J'y découvre un gage touchant.

5. Qu'à jamais pour ta gloire un zèle pur m'anime!
Guide mes pas, Seigneur, par tes vives clartés!
Qu'à tes lois attaché, loin des routes du crime,
J'éprouve à jamais tes bontés!

6. Heureux le cœur fidèle où l'innocence règne!
Des désirs criminels ne troublent point sa paix.
Occupé de son Dieu, des vrais biens, il dédaigne
Des plaisirs moins purs, moins parfaits.

---

147. Air N°. 9 : *Begleite mich o Christ.*

1. Daigne nous être favorable,
Et nous bénir par ta bonté!
Daigne de ta face adorable
Répandre sur nous la clarté!
Fais, Seigneur, fais que dans ta voie
Nous marchions tous, et que l'on voie
Fleurir le salut des humains!
Que chacun te craigne et t'adore,
Que sur la terre nul n'ignore
L'œuvre de tes augustes mains!

2. Que les peuples viennent te rendre
Les hommages qui te sont dus!
Que tous s'empressent de répandre
Les merveilles de tes vertus!

Tes jugemens et tes ouvrages
Aux nations les plus sauvages
Feront connaître ta grandeur ;
L'univers craindra ta puissance,
Il célébrera ta clémence,
Et recherchera ta faveur.

3. Seigneur ! tous les peuples du monde
Chanteront ton nom glorieux.
La terre en fruits sera féconde,
Ta main nous bénira des cieux.
Adorons ce Dieu qui nous aime,
Et qui, par sa bonté suprême,
Nous garde et nous fait prospérer !
Que dans son vaste et saint empire,
Tout le célèbre, tout l'admire,
Que tout s'accorde à l'adorer !

---

148. Air N°. 49 : *Wie gross ist des Allmächt'gen.*
Ou N°. 50 *ou* 51 (*air du Ps. CXVIII*).

1. Peuples, que vos accens s'unissent
Pour chanter le Dieu de Sion !
Que tous ses temples retentissent
Du bruit solennel de son nom !
Venez lui dire : Être adorable,
Sois béni pour tous tes bienfaits !

Ta clémence est inépuisable,
Elle comble tous nos souhaits !

2. L'univers qui te doit son être,
Qu'il adore ta majesté !
Que les nations qui vont naître
Célèbrent encor ta bonté !
Peuples, rendez-lui vos hommages
Célébrez d'un commun accord,
De tant de merveilleux ouvrages
Le sublime Auteur, le Dieu fort !

3. Sa sagesse incompréhensible
Étonne les yeux des humains ;
Du haut de son trône invisible
Son conseil règle leurs destins.
Sa Providence universelle
Plane au-dessus des nations ;
Et de l'homme injuste et rebelle
Il réprime les passions.

4. C'est lui qui garde notre vie,
C'est lui qui dirige nos pas ;
C'est lui dont la force infinie
Nous protége dans nos combats.
Bénis donc ce grand Dieu, mon ame !
Rends hommage à sa charité !
Toujours, lorsque je le réclame,
J'ai lieu de chanter sa bonté.

5. Vous qui révérez sa puissance,
Soyez témoins de ma ferveur,
De ma vive reconnaissance
Pour les bienfaits du Créateur !
Venez donc, mortels, qu'on vous voie
En tout lieu bénir le Seigneur :
Faites éclater votre joie
Par un saint hymne à son honneur !

---

149. AIR N°. 40 : *Sollt es gleich bisweilen scheinen.*
Ou, en réunissant deux versets, air du Ps. LXXXVI.

1. SAGE auteur de la nature,
Le monde, ta créature,
Un jour viendra tout entier
A tes pieds s'humilier !

2. De toutes parts tes merveilles
Sont grandes, sont sans pareilles,
Et tu règnes en tout lieu
Comme le seul et vrai Dieu.

3. Seigneur, montre-moi ta voie !
Fais que j'y marche avec joie ;
Que, fidèle à mon devoir,
Je révère ton pouvoir.

4. Mon Dieu ! je bénis sans cesse
Ta puissance et ta sagesse,

Et je te célébrerai
Tant que je respirerai.

---

150. AIR N°. 26 : *Nun ruhen alle Wælder.*

1. Aux doux concerts des anges
Unissons nos louanges ;
Comme eux, du fond du cœur !
Célébrons la puissance,
La bonté, la clémence
De notre divin Bienfaiteur !

2. Les saints dans sa présence
Trouvent leur récompense,
Leur gloire, leur grandeur,
Leur paix toujours durable,
Leur joie inaltérable,
Et le comble de leur bonheur.

3. Grand, sublime, adorable,
Puissant, juste, admirable,
Qu'il soit dans tous les temps,
Ce bon, ce tendre Père,
Dont l'Esprit nous éclaire,
Le plus cher objet de nos chants !

4. Que sa main libérale
Qui sous nos yeux étale

Tant de biens, tant d'attraits,
Ranime dans notre ame
La douce et pure flamme,
Qui doit y briller à jamais !

5. Nous sommes son ouvrage,
Son temple, son image;
Par nos pieux concerts
Rendons, dans tous les âges,
Nos plus humbles hommages
Au bienfaiteur de l'univers !

---

151. Air N°. 43 : *Vom Himmel hoch.*
Ou airs des Psaumes C, CXXXI ou CXXXIV.

1. Mon cœur bénira désormais
Le nom, le saint nom du Seigneur;
Je célébrerai sa grandeur
Et sa puissance et ses bienfaits.

2. Mon unique plaisir sera
De voir mon Dieu glorifié;
Et le fidèle édifié,
A mes cantiques s'unira.

3. Exprimez à Dieu vos désirs,
Chrétiens ! il entendra vos vœux:
Jamais du mortel vertueux
Il n'a rejeté les soupirs.

4. Victimes des rigueurs du sort,
Implorez son secours puissant;
D'un mot, il sait en un instant
Dissiper l'ombre de la mort.

5. C'est à lui que, dans ses douleurs,
Mon cœur toujours a recouru;
Et, par sa bonté secouru,
J'ai vu se calmer mes frayeurs.

6. Venez donc, et dans nos concerts,
Faisons résonner jusqu'aux cieux
Le nom sublime et glorieux
Du bienfaiteur de l'univers!

---

152. AIR No. 53 : *Was sorgst du ängstlich für dein Leben.*

1. CÉLÉBREZ par de saints cantiques
De Dieu les œuvres magnifiques;
Peuples, adorez sa grandeur!
Prosternez-vous, Rois de la terre!
Le front courbé dans la poussière,
Venez invoquer le Seigneur!

2. Les saints glorifiés, les anges
Au ciel exaltent ses louanges;
Le monde entier est son autel.
Qu'à ces concerts nos chants s'unissent!

Que tous les êtres le bénissent!
Saint, saint, très-saint est l'Eternel!

3. Dieu brise et relève les trônes;
Il donne, il ôte les couronnes,
Et tout est soumis à ses lois.
Il règne, et tout ce qui respire,
En reconnaissant son empire,
Obéit et tremble à sa voix.

4. Il donne, il ôte la victoire;
D'un souffle il efface la gloire
Du méchant et tous ses projets;
Le faible éprouve sa clémence,
Le méchant sa juste vengeance,
Et tous vivent de ses bienfaits.

5. Roi des Rois! Monarque adorable!
Que ta clémence inépuisable
En ce jour exauce nos vœux!
A nos chefs daigne être propice!
Enseigne aux princes ta justice,
Et que ta paix soit avec eux!

---

153. AIR No. 46 : *Wachet auf, so ruft.*

1. TON Dieu règne en roi suprême!
Chrétien qu'il protège, qu'il aime,

Fais éclater tes saints transports !
De sa céleste puissance,
De sa bonté, de sa clémence,
Viens contempler tous les trésors !
De son vaste pouvoir
Tu ne peux concevoir
L'étendue ;—Mais l'Eternel,
Du haut du ciel,
Veille sur toi, faible mortel.

2. A la terre obéissante,
Les cieux, d'une voix éclatante,
Annoncent ses augustes lois.
Sa main, féconde en miracles,
A partout gravé ses oracles
Chez les nations, chez les rois.
Son fils, notre Sauveur,
Vient détruire l'erreur ;
Sa parole—touche nos cœurs,
Règle nos mœurs,
Et nous soutient dans nos douleurs.

3. Par une chaîne éternelle,
Attacher la race mortelle
A la famille de tes saints ;
Telle est, ô Père adorable !
L'œuvre du Sauveur charitable
Qui vint accomplir tes desseins :

Que son nom glorieux
Retentisse en tous lieux !
De sa grâce—De ses bienfaits,
Grave les traits,
Seigneur, dans notre ame à jamais !

4. Allons donc avec les anges,
De concert chanter les louanges
Du Dieu qui nous a rachetés !
Avec une sainte joie
Réglons notre terrestre voie
Sur ses célestes vérités !
Promettons au Seigneur
D'adorer sa grandeur
Avec zèle : — De le chérir,
De le servir
Jusqu'à notre dernier soupir !

(Te Deum.)

154. AIR N°. 58 : *Ou air du cantique : Béni soit à jamais le grand roi d'Israël.*

1. TES enfans, Dieu très-haut ! adorant ta grandeur,
Entonnent en ce jour un hymne à ton honneur ;
Eternel ! l'univers te craint et te révère
Comme son créateur, son monarque et son père !

2. Ton nom remplit, Seigneur! et la terre et les cieux;
Les trônes, les vertus, les esprits bienheureux,
Les chœurs des séraphins, des chérubins, des anges,
Sans se lasser jamais, célèbrent tes louanges.

3. Saint! saint! saint! disent-ils dans leurs divins concerts,
Est l'Être souverain, le roi de l'univers!
Tout annonce à nos yeux sa puissance éternelle;
Il comble ses élus de sa gloire immortelle.

4. Ici-bas tout, Seigneur! nous prêche ta bonté,
Ton paternel amour, ta tendre charité;
Tes apôtres, tes saints, tes martyrs, tes prophètes
En sont encor pour nous les dignes interprètes.

5. L'église qui combat dans ces terrestres lieux,
L'église qui déjà triomphe dans les cieux,
En adorant ton fils, ta plus parfaite image,
T'offre en lui de sa foi l'invariable hommage.

6. O Jésus, notre chef, adorable Sauveur!
Toi qui nous envoyas l'Esprit consolateur,
Toi qui vins mettre un terme à l'humaine misère,
Tous révèrent en toi l'unique fils du Père!

7. Pour offrir aux pécheurs un bonheur éternel,

Tu ne dédaignas point de prendre un corps mortel :
Au jour que Dieu fixa pour le salut du monde,
Tu naquis parmi nous d'une vierge féconde.

8. On te vit t'abaisser, souverain Roi des rois !
Jusqu'à subir la mort à l'arbre de la croix ;
Mais, bravant du tombeau le pouvoir formidable,
Tu méritas aux tiens une gloire ineffable.

9. Triomphant désormais, ton bras victorieux
Prépare à tes élus les demeures des cieux ;
Ils te verront, Seigneur ! à la droite du Père
Régner, environné des anges de lumière.

10. Enfin, ressuscitant la poudre de nos corps,
Tu reviendras juger les vivans et les morts ;
Puissent alors, Seigneur ! plein de foi, d'espérance,
Tes pieux serviteurs éprouver ta clémence !

11. Dès ici-bas déjà, montre-nous ta faveur !
Garde-nous en ton nom ; sois avec nous, Seigneur !
De ta protection couvre notre patrie !
Assiste notre roi par ta force infinie !

12. Sur tous nos magistrats répands, du haut des cieux,

De tes dons, chaque jour, les trésors précieux !
Sois notre bienfaiteur, notre appui, d'âge en âge !
Sauve ton peuple, ô Dieu ! bénis ton héritage !

CONFIANCE EN DIEU.

455. Air No. 28 : *O Gott du frommer Gott.*
Ou No. 29 *ou* 30.

1. L'Éternel fut toujours ma lumière et ma vie,
J'ai fondé mon espoir sur sa force infinie :
Qui pourrait donc me nuire et qu'ai-je à redouter ?
Le fragile mortel peut-il m'épouvanter ?

2. De ta grâce assuré, guidé par ta loi sainte,
Dans tes sentiers, Seigneur ! je marcherai sans crainte ;
Je sais que mes soupirs vers les cieux élancés,
Par tes compassions sont toujours exaucés.

3. Ta céleste parole en tous lieux me retrace
Cet ordre paternel ; mon fils, cherche ma face ;
Mon ame l'a compris ; je t'invoque, Seigneur !
Et mes vœux chaque jour m'attirent ta faveur.

4. Oui, quand j'aurais perdu tout espoir sur la terre ;
Quand, accablé d'ennuis, au fort de ma misère,

Je me verrais privé de tout secours humain,
Mon Dieu, pour me sauver, me prendrait par la main.

5. Si je n'eusse, grand Dieu! compté sur ta tendresse,
Sur l'appui que ton bras promet à ma faiblesse,
Oh! mon ame accablée, après tant de travaux,
Sans doute eût succombé sous le poids de ses maux.

6. Mais loin de toi mon cœur, si ton Dieu te rassure,
Les soucis dévorans, le coupable murmure!
Que l'espoir soit ta force, et la foi ton trésor!
L'Éternel est ton Dieu; que peux-tu craindre encor?

---

156. Air N°. 28: *O Gott du frommer Gott.*
Ou N°. 29 ou 30.

1. Des lois du Créateur, chrétien, fais ton étude;
Bannis de ton esprit la sombre inquiétude;
Toi qu'un Dieu protecteur admit au rang des siens,
Laisse les vains soucis aux aveugles païens.

2. Quoi! d'un Dieu sage et bon nous croyons l'existence,
D'un bonheur à venir nous avons l'assurance,

Et nous irions, au temps réduisant tous nos vœux,
Pour la terre oublier le royaume des cieux.

3. Pourquoi nous désoler d'une courte misère?
Dieu connaît nos besoins, il y pourvoit en père;
Pourrions-nous craindre encor qu'il ne sût nous
fournir
Et de quoi nous nourrir et de quoi nous vêtir!

4. Sa bonté qui, réglant le cours de la nature,
Même aux oiseaux des cieux prépare leur pâture,
Qui d'un riche tissu revêt les lis des champs,
N'aurait-elle oublié que ses plus chers enfans?

5. Espérons en sa grâce, et de sa providence
Recevant les décrets avec obéissance,
Révérons, même au fort de notre adversité,
L'inaltérable cours de sa fidélité!

6. Bannis donc de ton cœur toute anxiété vaine,
Chrétien! à chaque jour suffit sa propre peine;
Sans gémir du passé, sans craindre l'aveuir,
Adore l'Éternel qui seul peut te bénir!

---

157. Air N°. 9: *Begleite mich, o Christ.*

1. Grand Dieu! mes jours sont ton ouvrage,
Qu'à toi seul ils soient consacrés;
Daigne accepter le pur hommage
De ces jours que tu m'as donnés!

A te les vouer tout me presse :
Ah ! pourrais-je de ta tendresse
Perdre jamais le souvenir !
Même au plus fort de ma misère,
N'étends-tu pas, céleste Père,
Ta droite pour me soutenir !

2. J'invoque, au jour de ma détresse,
Grand Dieu ! ton adorable nom ;
Un saint espoir en ta promesse
Me rend ta consolation.
Dans le danger qui m'environne,
Je ne vois plus rien qui m'étonne,
Tous mes vœux vont être exaucés :
Tu connais ma douleur extrême ;
Je connais ta bonté suprême,
Tu me rassures, c'est assez.

3. Nombreux sujets de son empire,
Joignez vos concerts à ma voix !
Secondez le feu qui m'inspire ;
Je vais chanter le Roi des rois.
Au pied des sacrés tabernacles,
A ses bontés, à ses miracles,
Rendons un légitime honneur !
Que les premiers feux de l'aurore,
Que le déclin du jour encore
Nous trouvent louant le Seigneur !

4. Que tes bienfaits, que ta clémence
Soient le sujet de nos concerts !
Et que l'éclat de ta puissance
Remplisse, ô Dieu, tout l'univers !
Qu'à chanter ton nom tous s'unissent !
Que tes adversaires frémissent
Au bruit de ce nom redouté !
Que même au sein des autres mondes
Que créèrent tes mains fécondes,
Il soit à jamais célébré !

---

158. AIR No. 2 : *Ach höchster Gott verleihe mir.*
Ou air du Psaume XCI.

1. A TA céleste volonté
Je me soumets sans peine ;
J'adore avec humilité
Ta bonté souveraine.
Que ta grâce accorde à ma foi
Sa divine assistance,
O mon Dieu ! j'ai fondé sur toi
Ma plus douce espérance.

2. Ton divin amour à mon cœur
Tient lieu de toute chose ;
Exempt de trouble et de frayeur,
Sur toi je me repose.
Ta bonté compte mes instans ;

Tu gardes ma demeure ;
Tes yeux, Seigneur ! sur tes enfans
Sont ouverts à toute heure.

3. Jamais je ne méconnaîtrai
Dieu très-haut ! ta clémence ;
Jamais je ne murmurerai
Contre ta providence :
Sans crainte enfin voyant finir
Ma terrestre carrière,
Seigneur, je saurai te bénir
A mon heure dernière.

---

159. Air No. 44 : *Was Gott thut, das ist wohl gethan.*

1. De quoi t'alarmes tu, mon cœur ?
Ranime ton courage !
Souviens-toi de ton créateur,
Tu portes son image !
Oui, le Dieu fort
Règle mon sort ;
Enfant du Dieu suprême,
Il me connaît, il m'aime.

2. Je te remets, Dieu de bonté !
Et mon sort et ma vie,
Mon corps, mes biens, ma liberté,
Les miens et ma patrie ;

Tout accident,
Dieu tout-puissant,
Permis par ta main sage,
Tourne à mon avantage!

3. Tu me conduiras par la main,
Si tu veux que je vive;
Chaque jour ajoute à mon gain,
Pourvu que je te suive.
Je sais, je vois
En qui je crois.
Ta volonté, mon Père!
Me sera toujours chère.

4. Je me jetterai dans tes bras,
Si tu veux que je meure;
Grand Dieu, ne m'abandonne pas!
Viens, à ma dernière heure,
Viens m'assister,
Et transporter
Mon ame en son asile!
Et je mourrai tranquille.

RÉSIGNATION.

160. AIR N°. 53: *Was sorgst du ängstlich.*

1. LE Seigneur écoute ma plainte,
Quand, devant sa majesté sainte,
J'expose mon chagrin mortel;

Je l'invoque au sein des ténèbres;
Mes soupirs, mes clameurs funèbres
Emeuvent son cœur paternel.

2. Dans les plus cruelles alarmes
Je versais des torrens de larmes;
J'étais noyé dans ma douleur;
Pressé de peines accablantes,
J'élevais mes mains suppliantes
Vers le trône de mon Sauveur.

3. Remontant jusqu'aux premiers âges,
Je recueillais les témoignages
Des bienfaits qu'il verse en tout lieu.
Quoi! disais-je, s'il est le père
De la nature tout entière,
Oublierait-il qu'il est mon Dieu!

4. Non, l'espérance m'est rendue;
Dieu soutient mon ame abattue,
Il parle à mon cœur désolé;
Lui, dont la voix sainte et puissante
Des flots appaise la tourmente;
Il parle, et je suis consolé.

5. J'ai rappelé dans ma mémoire,
Seigneur, en célébrant ta gloire,
Les preuves de ta charité;
Je veux, plein de reconnaissance,

Chanter ta bonté, ta clémence,
Ta grâce à toute éternité.

---

161. Air N°. 24 : *Meinen Jesum lass ich nicht.*
Ou N°. 25.

1. Mon ame s'élève à toi,
Auteur de mon existence!
Toujours tu prends soin de moi;
Tu veillas sur mon enfance;
Tu me donnes chaque jour
Des preuves de ton amour.

2. En esprit, en vérité,
Tu demandes qu'on t'adore,
Et qu'avec sincérité
Le faible mortel t'honore;
Que le culte qu'il te rend
Soit celui du sentiment.

3. Je t'adresse mes soupirs :
J'invoque, ô Dieu! ta clémence :
Daigne exaucer les désirs
Que j'exprime en ta présence!
D'un cœur soumis et pieux
Ne rejette pas les vœux!

4. Qu'ai-je dit? Si ta bonté
N'exauçait pas ma prière;

Adorant ta volonté,
Je me dirais : En bon père,
Il refuse sagement
Ce qui nuit à son enfant.

5. Quand, dans mon adversité,
Ton secours se fait attendre,
J'adore encor ta bonté,
Père aussi juste que tendre!
Certain que, dans la douleur,
Tu prépares mon bonheur.

---

162. AIR N°. 26 : *Nun ruhen alle Wælder.*

1. Sois touché de mes larmes,
Dissipe mes alarmes,
Assiste-moi, Seigneur!
Éternel! Dieu suprême!
Dans mon malheur extrême,
Vers toi seul j'élève mon cœur!

2. Oui, malgré ma tristesse,
Ta céleste promesse,
O mon libérateur!
Me remplit d'assurance;
Bientôt ta délivrance
Va mettre un terme à ma douleur.

3. Seigneur ! tu vois ma peine ;
Ta bonté souveraine
Sait quels sont mes travaux ;
O le meilleur des Pères !
Que mes larmes amères
Te trouvent sensible à mes maux !

4. Lorsque je te réclame ,
Ta grâce dans mon ame
Fait renaître la paix :
Du fond du précipice ,
Seigneur ! ta main propice
Peut me retirer à jamais.

5. Je bénis ta parole,
Qui rassure et console
Mon cœur épouvanté ;
Que puis-je craindre au monde ,
Quand mon espoir se fonde
Sur ton ineffable bonté !

---

163. Air N°. 49 : *Wie gross ist des Allmächt'gen.*
Ou N°. 50 ou 51 (air du Ps. CXVIII).

1. Jusques à quand , baigné de larmes ,
Me plaindrai-je sans t'attendrir ?
O Dieu ! témoin de mes alarmes ,
Voudrais-tu me laisser périr ?

Jusques à quand tes yeux sévères
Seront-ils détournés de moi ?
Jusques à quand de mes misères
Viendrai-je gémir devant toi ?

2. Seigneur ! combien de temps encore
Veux-tu me voir humilié ?
Serait-ce en vain que je t'implore ?
M'as-tu pour toujours oublié ?
Si tu ne me rends ta lumière,
Quel sera mon funeste sort ?
Je vois, sur ma triste carrière,
Descendre l'ombre de la mort !

3. Mais, tu m'entends ! Mon espérance
En vain ne m'aura pas flatté ;
Bientôt, sauvé par ta puissance,
Je célébrerai ta bonté !
Oui ; déjà ma voix suppliante
A monté jusqu'à toi, Seigneur !
Et ta parole consolante
Vient rassurer mon triste cœur.

---

164. AIR N°. 40 : *Sollt es gleich bisweilen scheinen.*
Ou, en réunissant deux versets, air du Ps. LXXXVI.

1. MON Dieu ! prête-moi l'oreille
Dans ma douleur sans pareille ;

Vois la misère où je suis,
Et soulage mes ennuis !

2. Mon Dieu, garantis ma vie !
Car te plaire est mon envie.
Sauve, ô Dieu ! ton serviteur
Qui s'assure en ta faveur.

3. Délivre-moi par ta grâce
Du péril qui me menace,
Quand, plein de zèle et d'amour,
Je t'invoque nuit et jour !

4. Veuille consoler mon ame,
Qui sans cesse te réclame;
Qui, dans ces instans pieux,
S'élève à toi, Dieu des cieux !

5. Seigneur ! ta grâce infinie
Au fidèle qui te prie,
Fait ressentir tous les jours
Les effets de ton secours.

6. Puisqu'à toi seul je m'adresse,
Vois, ô mon Dieu ! ma détresse.
Je n'ai d'asile que toi :
Daigne prendre soin de moi !

7. A toute heure, en ma souffrance,
J'implore ton assistance,

Et ta pitié chaque fois
Répond à ma triste voix.

8. Donne-moi, dans ta clémence,
Ces signes de ta présence,
Que souvent tu me donnas
Dans mes plus rudes combats !

9. Rassuré par ta tendresse,
Appuyé sur ta promesse,
Rien ne m'ôtera jamais
L'espérance de ta paix !

---

165. Air No. 31.

1. Loin de moi, fausse allégresse !
Mon partage c'est la croix ;
Accablé de ma tristesse,
Je succombe sous son poids.
Mais loin de moi le murmure !
La grâce, dans mes malheurs,
Me fait vaincre la nature,
Et vient calmer mes douleurs.

2. Avec une ardeur extrême
Je désire d'être heureux ;
Mais pourrais-je au Dieu suprême
Ne pas rapporter mes vœux !

Ah! si mon souverain maître
Trouve bon de m'éprouver,
Puis-je ne pas me soumettre
Aux maux qu'il veut m'envoyer!

3. Le plaisir qui nous enchante,
En s'emparant de nos cœurs,
N'est qu'une ombre séduisante
Qui conduit à mille erreurs.
Tu viens dissiper ses charmes,
Salutaire adversité!
En nous munissant des armes
De l'austère vérité.

4. Mais, Seigneur, si la tristesse,
Venant m'accabler soudain,
Triomphait de ma faiblesse,
Daigne me tendre la main!
Que la foi qui me préserve
De douter de tes bontés,
Me soumette sans réserve
A tes saintes volontés!

FOI.

166. Air N°. 19: *Kommt her zu mir spricht.*
Ou, en réunissant deux versets, air du Ps. XXXVI.

1. Mon Dieu, mon Seigneur et mon Roi!

Je sais qu'on ne peut sans la foi
T'obéir, ni te plaire ;
Qu'à l'incrédule, à l'obstiné,
Ta justice n'a destiné
Que la mort pour salaire.

2. Viens donc, Seigneur, par ta bonté
Enrichir de ta vérité
Ma faible intelligence !
Avec la foi, divin Sauveur,
Affermis au fond de mon cœur
Ta céleste espérance !

3. Que toujours, docile à ta voix,
Ma foi, selon tes saintes lois,
En vertus soit féconde !
Active par la charité,
Fais qu'en œuvres de sainteté
Sous tes yeux elle abonde !

4. Qu'elle soit dans tous les combats,
Que je dois livrer ici-bas,
Ma force et ma défense !
Que, par elle victorieux,
J'en reçoive un jour dans les cieux
L'heureuse récompense !

---

167. Air N°. 28 : *O Gott du frommer Gott.*
Ou N°. 29 ou 30.

1. Des maîtres le plus doux, des pères le plus tendre,
Dieu veut qu'à sa faveur je puisse encor prétendre;
Il m'aime, c'est à moi que le ciel est promis;
C'est pour moi qu'à la mort il a livré son fils.

2. Ah ! j'ai trop abusé de sa longue indulgence;
Mais plus mes torts sont grands, plus grande est sa clémence:
A quel excès peut-on porter l'impiété,
Que ne surpasse encor l'excès de sa bonté!

3. De mes nombreux péchés je serais la victime,
S'il n'était attentif qu'à la voix de mon crime;
Mais le sang de son fils qui parle en ma faveur,
Le touche, le fléchit, appaise sa rigueur.

4. Son amour qui suspend l'effet de sa justice,
M'assure qu'à mes vœux il se rendra propice :
Si le malheur m'atteint, c'est pour me corriger;
Un Dieu puissant pardonne au lieu de se venger.

5. Redoutant du Seigneur les arrêts formidables,
Irais-je perdre encor ces momens favorables

Où sa compassion lui parle en ma faveur,
Et lorsqu'il vient à moi, lui refuser mon cœur !

6, Non, je veux obéir au pouvoir de sa grâce,
De son amour pour moi seconder l'efficace :
Mon Dieu veut mon bonheur, et le ciel m'est promis ;
C'est pour moi qu'à la mort il a livré son fils.

DEVOIRS ENVERS NOUS-MÊMES.

CONTENTEMENT.

168. Air N°. 49 : *Wie gross ist des Allmæcht'gen.*
Ou N°. 50 ou 51 (air du Ps. CXVIII).

1. Tu te plains, et ton cœur soupire ;
Tu sens la rigueur de ton sort ;
Vers les trésors qu'elle désire
Ton ame tend avec effort.
Mais le Dieu qui voit tes alarmes,
N'a-t-il pas dû te refuser
Ces biens que tu crois pleins de charmes,
S'ils ne pouvaient que t'abuser ?

2. Ne fonde point sur l'opulence
L'espoir d'un bonheur permanent ;
La piété, la confiance,
Donnent le vrai contentement.

Jouis avec économie
Des biens que Dieu t'a dispensés;
Ne jette point un œil d'envie
Sur ceux qui te sont refusés.

3. Écarte ces chimères vaines,
Enfans trompeurs de nos désirs;
Dans chaque état il est des peines,
Et dans chaque état des plaisirs.
Le Dieu très-haut, par sa tendresse,
Nous dispensant mille bienfaits,
Les règle d'après sa sagesse,
Et non d'après nos vains souhaits.

4. Ah! ne perds point dans l'indolence,
D'un ingrat mécontentement,
Les jours que sa main te dispense,
Ni tes forces, ni ton talent.
Remplis toujours avec courage
Chaque devoir de ton état;
Fais de la vie un bon usage,
Sans chercher le faste et l'éclat.

5. Se soumettre à la Providence,
Chaque jour devenir meilleur,
Voir le salut en espérance,
C'est le chemin du vrai bonheur:
Grand Dieu, que j'apprenne à le suivre!

Que ton Esprit guide mes pas !
Si tu m'enseignes à bien vivre,
Ta paix ne me manquera pas.

PURETÉ DE MOEURS.

169. Air No. 53 : *Was sorgst du ængstlich für dein Leben.*

1. Si ta félicité t'est chère,
Mortel, envers toi-même austère,
Fuis l'attrait de la volupté !
N'écoute point sa voix flatteuse
Pour la vertu si dangereuse ;
Tous ses plaisirs sont vanité !

2. Sois tempérant, pieux et sage !
D'un funeste libertinage
Tu vois souvent les tristes fruits;
Sur tes sens pour garder l'empire,
Tu dois, s'il le faut, t'interdire
Quelquefois des plaisirs permis.

3. De tes regards rends-toi le maître !
Envers toi-même tu dois être
Modeste et rempli de pudeur;
Ferme ton oreille au langage
De l'esprit fort et du faux sage
Qui cherche à corrompre ton cœur !

4. Crains l'oisiveté, la mollesse !
Toujours l'ami de la paresse
Est séduit plus facilement;
L'activité, la diligence,
Gardent, protègent l'innocence
Contre les piéges du méchant.

5. Le désir qui chez toi sommeille,
Pour te combattre se réveille;
Veille aussi pour en triompher !
Sa force croît par ta faiblesse;
Quand on le nourrit, le caresse,
C'est un travail de l'étouffer.

6. Par lui ton cœur se déshonore;
Avant de le remplir encore
Du devoir tu t'es écarté;
Si d'une coupable pensée
Ta vertu n'est pas offensée,
Dis-moi quelle est ta pureté ?

7. Soutiens ta vertu chancelante
Par cette vérité constante :
L'innocence fait mon bonheur;
Si je la perds, ce bonheur cesse,
Et jamais une folle ivresse
Ne pourra le rendre à mon cœur.

8. Dis-toi souvent : ma conscience

N'est pas la seule que j'offense
En écoutant la volupté;
Le monde aussi poursuit, accable
De son mépris le misérable
Qui se livre à l'impureté.

9. Mais quand je pourrais satisfaire,
A l'ombre d'un profond mystère,
Mes désirs, mes coupables vœux,
Puis-je m'échapper à moi-même,
Me dérober à l'œil suprême
A qui le crime est odieux?

10. Chrétien, veille donc sur toi-même!
Implore la bonté suprême!
Sans elle tu succomberas.
Crains les erreurs, crains la première!
De cette funeste carrière
Ah! détourne à jamais tes pas!

---

470. AIR N°. 20 : *Lob, Ehr und Preis.*
Ou N°s. 21, 22 *ou* 23.

1. VIENS me délivrer, ô mon Dieu!
Des dangers dont m'assiège
Un monde qui m'offre en tout lieu
Quelque funeste piége.
Affermis ma vertu, ma foi,

Ranime mon amour pour toi ;
Que ton bras me protège !

2. Daigne éloigner de moi, Seigneur,
Tout objet de souillure !
Toi-même, interdis à mon cœur
Toute pensée impure !
Fais que ta sainte vérité
Soit de ma faible volonté
La règle toujours sûre !

3. Je veux fuir de la volupté
Les attraits, l'esclavage ;
Et faire de la sainteté
Mon éternel partage.
Fais qu'y trouvant le vrai bonheur,
Je puisse, ô grand Dieu, de mon cœur
T'offrir le pur hommage !

4. Viens soumettre tous mes désirs
A ton obéissance !
Du fatal appât des plaisirs
Garder mon innocence !
Et de leurs charmes séduisans
Sauver ma raison et mes sens,
Grand Dieu, par ta puissance !

REPENTANCE.

171. Air N°. 60.

1. Grace, grâce, Seigneur! suspends de ta justice,
A l'aspect de mes pleurs, les coups trop mérités;
De mon humble douleur reçois le sacrifice,
Et détourne tes yeux de mes iniquités!

2. Ah! prends pitié, Seigneur, de mon ame éperdue!
Je vois tous mes péchés s'élever contre moi!
Pourrais-je en contempler le nombre et l'étendue
Sans me sentir couvert de honte devant toi?

3. Tu m'avais par la main conduit dès ma naissance;
Sur ma faiblesse en vain je voudrais m'excuser;
Tu m'avais fait, Seigneur, goûter ta connaissance;
Et de tes dons, hélas! je n'ai fait qu'abuser.

4. Ah! puissent aujourd'hui ma douleur et mes larmes
Expier tant de jours perdus dans les plaisirs!
Ces jours que j'ai trouvés si doux, si pleins de charmes,
Hélas! ne m'ont laissé que d'amers souvenirs.

5. Mes soupirs devant toi sont ma seule défense,
Je n'ai d'autre moyen, Seigneur, pour te fléchir!
N'as-tu pas un trésor de grâce et de clémence?
Dieu de miséricorde, il est temps de l'ouvrir!

6. Non, tu n'es pas un juge altier, inexorable;
Comme tu sais punir, ah! tu sais pardonner!
Le plus beau droit, celui d'absoudre le coupable,
N'appartient qu'à celui qui peut le condamner.

7. Jamais, jamais, grand Dieu! ta justice suprême
D'un cœur humble et contrit ne rejeta les vœux;
Le mien gémit, Seigneur, il te révère, il t'aime;
Daigne exaucer enfin ses soupirs douloureux!

8. Ah! daigne l'embraser de ta céleste flamme,
Ce cœur qui désormais n'espère plus qu'en toi!
Rends-moi fidèle et pur, imprime dans mon ame
Les préceptes sacrés de ta divine loi!

---

172. Air No. 60.

1. Voici, grand Dieu! voici cette brebis errante
Que ton constant amour cherche depuis longtemps;
Touché, confus, Seigneur, d'une si longue attente,
Je viens sans plus tarder, à ta voix je me rends.

2. Misérable pécheur, ah ! dans quel sombre asile
Pourrais-je vivre en paix en transgressant ta loi !
Non, Seigneur, non, mon cœur ne peut être tranquille
Dans l'état odieux qui l'éloigne de toi !

3. Vivement repentant de mon erreur passée,
Contre le ciel, hélas ! je sens que j'ai péché !
Oublie, oublie, ô Dieu, ma conduite insensée ;
Ne vois en moi qu'un cœur que ta grâce a touché !

4. Mon Dieu, mon créateur, principe de tout être,
Unique et grand objet qui seul dois me charmer !
Comment ai-je pu vivre, hélas ! sans te connaître ;
Ou te voir si parfait et vivre sans t'aimer ?

5. Mais je reviens à toi ; ta clémence infinie
M'assure mon pardon et calme mon effroi ;
Fallût-il désormais cent fois perdre la vie,
Non, rien ne pourra plus me séparer de toi !

---

173. Air No. 4 : *An Wasserflüssen Babylon.*

1. Seigneur, en juge sévère
N'interroge point mon cœur !
J'ai mérité ta colère,

J'ai provoqué ta rigueur !
De ta céleste indulgence
Daigne couvrir mon offense,
M'épargner, me pardonner !
Vois ma vive repentance;
Ah ! Seigneur, dans ma souffrance,
Pourrais-tu m'abandonner !

2. Vois les mortelles alarmes
D'un misérable pécheur !
Mes nuits sont des nuits de larmes,
Mes jours des jours de douleur.
Les remords ont pris la place
De ma criminelle audace
Et de ma sécurité :
Ce qui surtout m'humilie,
Lorsque ta main me châtie,
C'est de l'avoir mérité !

3. Dans l'excès de ma misère,
Seul tu peux me secourir.
Entends, charitable Père,
La voix de mon repentir !
Hélas ! je suis trop coupable !
Suspends l'arrêt redoutable
Que m'annonce ma terreur;
Si tu n'uses de clémence,
Qui pourra de ta sentence,

Grand Dieu, subir la rigueur!

4. Des grâces que je demande
Répands sur moi le trésor!
Ah! si ma misère est grande,
Ta bonté l'est plus encor.
Esprit saint, je te réclame!
Épure, ennoblis mon ame;
Fais-lui goûter ta faveur!
Viens calmer ma conscience,
Et que la douce innocence
Règne à jamais dans mon cœur!

---

174. Air No. 53 : *Was sorgst du ængstlich.*

1. Seigneur, vois ma peine et ma crainte!
Daigne écouter ma triste plainte,
Reçois ma supplication!
Je réclame, ô Dieu! ta promesse;
Je t'invoque dans ma détresse,
Adoucis mon affliction!

2. Cédant à la voix séductrice
Qui m'entraînait à l'injustice,
Ah! j'ai trop mérité, Seigneur!
Qu'usant des droits les plus sévères,
Par tes châtimens salutaires,
Tu vinsses affliger mon cœur.

3. Mais souviens-toi de ma faiblesse !
Que ta justice vengeresse
N'entre point en compte avec moi !
O Roi des Rois ! auguste maître !
Quel mortel put jamais paraître
Irréprochable devant toi !

4. Montre-moi ta face adorable !
Mon cœur s'abat, le mal m'accable,
Hâte-toi de me soulager !
Pressé de mon cruel martyre,
Je te tends mes mains, je soupire ;
Pourrais-tu ne pas m'exaucer ?

5. Fais-moi dès le matin entendre,
De ta voix paternelle et tendre,
Seigneur, les célestes accens !
Que, par ta grâce consolée,
Mon ame long-temps désolée,
Oublie enfin tous ses tourmens !

6. Enseigne-moi ce qu'il faut faire
Pour t'obéir et pour te plaire !
Fais qu'ainsi, dans le droit chemin,
L'Esprit de grâce et de justice
Guide mes pas, et m'affermisse
Dès cette heure et jusqu'à ma fin !

175. Air No. 33 (*air du Ps. CXVI*).

1. Miséricorde et grâce, ô Dieu des cieux!
Un grand pécheur implore ta clémence;
Use en ce jour de ta douceur immense,
Pour effacer mes crimes odieux!

2. Je le savais, tu n'es que sainteté;
Tu veux des cœurs où règne l'innocence.
Je connaissais tes statuts, ta puissance,
Et ta justice et ta sévérité.

3. Et cependant j'ai péché contre toi;
De tes sentiers je m'écarte sans cesse.
Cédant toujours, Seigneur, à ma faiblesse,
J'ai transgressé ta souveraine loi!

4. Le sacrifice agréable à tes yeux,
C'est le regret d'une ame pénitente;
Lorsqu'à tes pieds, Seigneur, je le présente,
Daigne exaucer mes vœux du haut des cieux!

5. Rends-moi, rends-moi ta consolation!
Seule, elle peut adoucir ma tristesse.
Que ton Esprit calme, ô Dieu, ma détresse,
Et me soulage en mon affliction!

6. Ouvre, Seigneur! ces lèvres désormais,
Que la tiédeur a trop long-temps fermées;

Et par mes chants tes louanges semées
Vont en tout lieu retentir à jamais.

---

176. Air N°. 64 : *Ach bleib mit deiner Gnade.*

1. Du fond de cet abîme
Où je me suis jeté,
En pleurant sur mon crime,
J'implore ta bonté.

2. Exauce ma prière !
Entends mes vœux, Seigneur !
Daigne être encor le Père
D'un malheureux pécheur !

3. Qui peut, si ta clémence
Ne calme son effroi,
Par sa propre innocence,
Subsister devant toi !

4. Mais, à nos vœux propice,
Ta douceur envers nous,
Du bras de ta justice,
Suspend encor les coups.

5. Puisse ma repentance
Les prévenir, Seigneur !
Et la paix, l'espérance,
Renaître dans mon cœur !

6. Que ta miséricorde
Accueille donc mes vœux!
Que ta grâce m'accorde
Un pardon généreux!

---

177. Air N°. 7: *Befiehl du deine Wege.*
Ou airs des Ps. CXXVIII ou CXXX.

1. Accablé de tristesse,
D'ennuis et de douleur,
Dans ma vive détresse
J'accours à toi, Seigneur!
O charitable Père!
Écoute mes accens!
Mets fin à ma misère!
Adoucis mes tourmens!

2. Si ta rigueur extrême
Entre en compte avec moi,
Que puis-je, ô Dieu suprême,
Répondre devant toi?
Mais non, ton indulgence
Accueille le pécheur,
Lorsque la repentance
A pénétré son cœur.

3. Ta bonté me console
Dans mes plus grands malheurs;

Ta divine parole
Appaise mes douleurs.
Mon Dieu, mon tendre père!
Loin de m'abandonner,
Ta grâce me tolère
Et veut me pardonner.

4. Fais qu'en tout temps je fonde,
Sur ton divin pouvoir,
O Souverain du monde!
Mon salut, mon espoir.
Si ta rigueur m'éprouve,
Assiste-moi, Seigneur!
Fais qu'en toi je retrouve
La paix et le bonheur!

CONVERSION.

(Prière pour la conversion des pécheurs.)

178. Air N°. 49 : *Wie gross ist des Allmæcht'gen.*
Ou N°. 50 ou 51 (air du Ps. CXVIII).

1. Seigneur, ta puissance invincible
N'a rien d'égal que ta bonté!
Le miracle le moins possible
N'est qu'un jeu de ta volonté.
Tu peux, de ta lumière auguste,
Éclairer les yeux du pécheur,

Pénétrer le cœur de l'injuste,
Et le ramener au bonheur.

2. Daigne, Seigneur, sur le coupable,
Jeter un regard paternel !
Confonds le crime détestable,
Mais épargne le criminel !
Oui, de ta suprême justice,
Grand Dieu ! l'honneur est réparé,
Quand ta clémence arrache au vice
Le cœur dont il s'est emparé.

3. Alors, ton pouvoir efficace
Modérant leurs fougueux penchans,
Les pécheurs sauvés par ta grâce
Aux cieux éleveront leurs chants.
Agréable et sainte harmonie !
Quel doux plaisir d'entendre un jour,
Aux concerts des justes unie,
Leur voix célébrer ton amour !

4. Tandis qu'ils vivent sur la terre,
Daigne les disposer, Seigneur !
A reconnaître leur misère,
A renoncer à leur erreur.
Fais que les remords de leurs crimes
Rendent leurs cœurs à la vertu,
Et retire-les des abîmes
Où leur courage est abattu !

5. Puisse ta grâce, ô Dieu propice !
Toi que j'implore avec ferveur;
Des funestes piéges du vice
Dégager enfin tout pécheur !
Puissent mes ardentes prières,
O mon Père ! obtenir de toi,
Pour les égarés, pour mes frères,
Le pardon que j'obtiens pour moi.

---

179. Air N°. 33 (*air du Ps. CXVI*).

1. Reviens, pécheur, te soumettre à la loi
Du Dieu de paix dont la bonté t'appelle !
Tu n'as été déjà que trop rebelle;
Reviens à lui, puisqu'il revient à toi !

2. Sans se lasser, en tous lieux il te suit;
Dans tes écarts sa voix se fait entendre;
D'un Dieu d'amour, du père le plus tendre
Le cœur te cherche, et ton ame le fuit.

3. De son pardon, de son constant amour,
En Jésus-Christ il t'a donné le gage;
Il veut pour toi faire encor davantage,
Il veut t'ouvrir son céleste séjour.

4. Par son secours tu peux te convertir;
Pour t'éclairer, il t'offre sa lumière;

Crains que la nuit ne borne ta carrière ;
La nuit funeste où l'on ne peut agir.

5. De ton trépas le temps est incertain ;
Ta courte vie est un songe qui passe ;
Hâte-toi donc, mets à profit la grâce
Que t'offre encor ton juge souverain !

---

180. Air N°. 32 : (*air du Ps. CIII*).

1. Songe, pécheur, songe à la repentance !
A chaque instant vers toi la mort s'avance ;
Peux-tu la voir avec sécurité !
Tu vis encor ; Dieu t'offre encor ses grâces ;
Tremble qu'un jour sa bonté que tu lasses,
Ne t'abandonne à ta perversité !

2. Sur nos penchans le triomphe sans doute
Est difficile, et toujours il nous coûte ;
Mais qu'il est doux de savoir l'obtenir !
Hâte-toi donc ! Dieu soutient ton courage ;
Et du combat où son amour t'engage,
Victorieux il te fera sortir.

3. Le vice est doux, mais sa fin est amère ;
De la vertu la paix est le salaire ;
Seule elle rend un vrai calme à ton cœur.
Aspire donc aux trésors qu'elle donne !

Pour de faux biens quiconque l'abandonne,
Est ennemi de son propre bonheur.

4. Heureux celui dont l'ame pure et sainte
Goûte ici-bas, sans remords et sans crainte,
Les dons du ciel sur l'homme répandus !
Heureux le juste, à qui sa conscience
Fait entrevoir la riche récompense
Qui doit un jour couronner ses vertus !

VIGILANCE.

181. Air N°. 47 : *Wer nur den lieben Gott læsst.*
Ou N°. 48.

1. Mon Dieu ! quelle guerre cruelle !
Je trouve deux hommes en moi;
L'un, à tes volontés rebelle,
Me soulève contre ta loi;
L'autre sur tes ordres, Seigneur !
Veut à jamais régler mon cœur.

2. L'un, tout esprit et tout céleste,
Veut élever mon ame aux cieux;
L'autre, par son pouvoir funeste,
De tes biens détourne mes yeux;
L'un ne respire que ta paix,
L'autre méconnaît tes bienfaits.

3. Hélas ! en guerre avec moi-même,

Où pourrai-je trouver la paix!
Je ne fais pas le bien que j'aime,
Et je fais le mal que je hais!
Mon cœur, séduit par le péché,
N'en est pas encor détaché!

4. O grâce! ô vertu salutaire!
Toi seule tu peux m'assister;
Viens, par ta céleste lumière,
M'éclairer et me ranimer!
Viens sauver, par un doux effort,
Mon ame, esclave de la mort!

---

182. Air N°. 5 : *Alle Menschen müssen sterben.*
Ou N° 6.

1. Chrétiens! qui voulez apprendre
A bien servir le Seigneur,
Ne vous laissez pas surprendre
Aux piéges du tentateur!
Combattre est votre partage:
Résistez avec courage
A vos désirs vicieux,
Pour régner un jour aux cieux.

2. Si le péché vous présente
Ses appas voluptueux,

Ah ! pleins d'une horreur constante,
Détournez soudain les yeux !
Fuyez, c'est votre victoire ;
Fuyez ! conservez la gloire
Que peut perdre en un instant
Le cœur le plus innocent !

3. Qui présume de ses forces,
Au moment d'être tenté,
Cède bientôt aux amorces
D'une indigne volupté.
Ah ! sentez votre impuissance !
Recourez à l'assistance
De Dieu, votre unique appui !
Vous pourrez tout avec lui.

4. Le Tout-Puissant vous regarde,
Il se tient à vos côtés ;
Il vous défend, il vous garde,
Tandis que vous combattez.
Poursuivez avec constance !
Contemplez la récompense
Qu'il vous destine à la fin !
La couronne est dans sa main.

---

183. Air No. 31.

1. Que mon sort est déplorable !

Où me vois-je, hélas, réduit!
Un cruel remords m'accable,
Partout le trouble me suit.
Au gré d'un honteux caprice,
Entraîné loin du Seigneur,
Mon cœur, esclave du vice,
Pour son Dieu n'a que froideur.

2. Sors de ta langueur mortelle!
M'a dit souvent le Seigneur;
Entends ma voix paternelle!
Mon fils, donne-moi ton cœur!
Et dans mon impénitence
Je pourrais persévérer!
Non, céleste patience!
Je ne veux pas t'épuiser.

3. Mais que sens-je dans moi-même!
Quelle guerre! Quels combats!
Je veux fuir le vice, et j'aime
Ses pernicieux appas.
O malheureuse habitude
Que forma l'iniquité!
Sous ta dure servitude
Tu retiens ma volonté.

4. D'un état si lamentable
Prends pitié, Dieu mon Sauveur!
Jette un regard secourable

Sur un malheureux pécheur !
Pour me tirer de l'abîme,
Ah ! viens me tendre la main !
Et loin des sentiers du crime,
Me conduire au droit chemin !

AMENDEMENT.

184. Air *N°.* 28 : *O Gott du frommer Gott.*
Ou N°. 29 *ou* 30.

1. Bienheureux le mortel à qui, dans sa clémence,
Son Dieu, de sa faveur rend la douce espérance !
Bienheureux le mortel qui voit tous ses péchés,
Par la grâce divine, à jamais effacés !

2. Soit qu'au sein des malheurs qu'attirait mon offense,
A mon cœur ulcéré j'aie imposé silence;
Soit que de mes remords j'aie éprouvé l'horreur,
Tous les jours j'ai senti s'aggraver ma douleur.

3. J'ai vu, Juge éternel ! j'ai vu ta main puissante,
S'appesantir sur moi, toujours plus menaçante;
Et fuyant ta présence, en ces jours de frayeur,
J'allais au désespoir abandonner mon cœur.

4. Mais dès que devant toi j'ai, sans hypocrisie,
Profondément gémi des fautes de ma vie,
Dès que j'ai fait l'aveu de mes transgressions,
J'ai ressenti l'effet de tes compassions.

5. C'est ainsi que celui que ton amour éprouve,
Te cherchera, Seigneur! au temps où l'on te trouve;
Et quand mille périls viendraient l'environner,
Ta secourable main saurait les détourner.

---

185. Air N°. 49 : *Wie gross ist des Allmæcht'gen.*
Ou N°. 50 *ou* 51 (*air du Ps. CXVIII*).

1. Seigneur, exauce ma demande!
Prête l'oreille à mes accens!
Qu'au ciel parvienne mon offrande,
Comme on y voit monter l'encens!
Dieu tout-puissant, seul bon, seul sage!
Mes yeux sont attachés sur toi;
Veuille relever mon courage!
Ta grâce est l'appui de ma foi.

2. Dans les sentiers de la prudence
Affermis mes pas tous les jours!
Fais qu'un cœur plein de bienveillance
Dicte à jamais tous mes discours!
Garde mon ame des délices

Dont les méchans sont enchantés !
Je pourrais prendre aussi leurs vices,
Si je goûtais leurs voluptés.

3. Que les justes me soient sévères !
Qu'ils me reprochent mes erreurs !
Dans leurs leçons les plus austères,
Je ne verrai que tes faveurs.
Oui, par leurs discours tu m'éclaires;
Que leur exemple soit ma loi !
Et que leurs conseils salutaires
Grand Dieu, me rapprochent de toi !

4. Mon Dieu, garantis-moi des piéges
Dont m'environne un monde vain !
Du trône des cieux où tu siéges,
Daigne étendre sur moi ta main !
Manifeste dans ma faiblesse
Ton pouvoir, ta force, Seigneur !
Veuille exaucer dans ta sagesse
Ces vœux que t'adresse mon cœur !

RENONCEMENT AU MONDE.

186. AIR N°. 28 : *O Gott du frommer Gott.*
Ou N°. 29 ou 30.

1. Mon cœur désabusé d'une apparence vaine,
Du monde séducteur se détache sans peine;

Il sait te préférer, doux espoir des chrétiens !
Aux plaisirs d'ici-bas, au monde, à ses faux biens.

2. Le monde trahissant le vain mortel qui l'aime,
N'offre à ses yeux déçus que l'inconstance même;
Mais Jésus est fidèle, il rend heureux les siens;
J'oppose sa tendresse au monde, à ses faux biens.

3. Le monde aimant l'éclat, les dignités, la pompe,
Embrasse avec ardeur une ombre qui le trompe;
De ses vœux insensés je détache les miens;
Pour Jésus je renonce au monde, à ses faux biens.

4. Le mondain ne sait pas supporter les injures;
Impatient, bientôt il éclate en murmures;
Mais plus ferme, Seigneur ! admis au rang des tiens,
Je préfère ta croix au monde, à ses faux biens.

5. Tes pompes, monde impur ! tes plaisirs, tes richesses,
Ton éclat, tes honneurs, tes perfides caresses
N'ont pu me captiver; brisant tous ces liens,
Je renonce à jamais au monde, à ses faux biens.

187. Air No. 54 : *Jesu, du Hoffnung all' deiner Geliebten.*

1. Funeste erreur, aveuglement coupable !
Nous désirons les faux biens d'ici-bas ;
Et le salut, le seul bien véritable,
Hélas ! nos cœurs ne le désirent pas !

2. Sommes-nous faits pour des biens si fragiles,
Qu'on voit passer, ainsi qu'une vapeur !
Qui de nos maux sont les sources fertiles ?
Des biens pareils donnent-ils le bonheur !

3. En vain placés au sein de l'abondance,
Nous jouissons du destin le plus doux ;
Plaisirs, emplois, dignités, opulence,
Sans le salut, tout est néant pour nous.

4. Y pensons-nous ? Insensés que nous sommes,
Nous ne courons qu'après la vanité !
Quand donc, grand Dieu, quand verra-t-on les hommes
Plus occupés de leur éternité !

5. Ah ! des faux biens, du néant de la terre,
Vers l'avenir élève-nous, Seigneur !
Fais qu'aspirant au seul bien nécessaire,
Auprès de toi nous trouvions le bonheur !

188. Air N°. 49 : *Wie gross ist des Allmächt'gen.*
Ou N°. 50 *ou* 51 (*air du Ps. CXVIII*).

1. Ah ! reconnais ta dépendance,
Mortel ! renonce à ton orgueil !
Cendre et poussière à ta naissance ;
Tu l'es encor à ton cercueil.
Ne perds donc jamais la mémoire
De ce jour où tu dois finir !
On foule aux pieds la fausse gloire
En rappelant ce souvenir.

2. Modère l'ardeur des richesses
Qui sans cesse vient t'agiter !
En vain pour elles tu t'empresses,
Il faudra bientôt les quitter !
Les plaisirs flattent ton envie ;
Leur douceur t'entraîne aisément ;
Mais souviens-toi qu'avec la vie
Ils périront en un moment !

3. Ne te laisse jamais séduire
Par un vain éclat de grandeur ;
Mais sache plutôt le réduire
A sa véritable valeur !
Puisqu'au monde il n'est rien de stable ;
Que tout passe et fuit à nos yeux,

Si nous voulons un bien durable,
Ne le cherchons que dans les cieux!

---

189. AIR N°. 16 : *Je chanterai, Seigneur.*
Ou N°. 17.

1. O MISÈRE! ô néant de l'existence humaine!
Quelle est-elle? Une image, un fantôme trompeur;
Un souffle passager, un songe, une ombre vaine,
Une fumée, une vapeur!

2. Est-ce une vie, hélas, solide et véritable?
Faut-il se tourmenter, s'agiter follement
Pour un temps qui, toujours plus ou moins misérable,
S'écoule si rapidement!

3. Que suis-je? Un voyageur que l'ennui décourage;
Mes pères m'ont frayé mon pénible chemin;
Mes pères ont passé, je passe, et mon voyage
Est déjà proche de sa fin.

4. Dans ce funeste exil si rien ne me contente,
Et si du vrai bonheur nul bien ne me tient lieu,
Qu'est-ce donc que j'espère, et quelle est mon attente!
N'est-ce pas toi-même, ô mon Dieu!

5. J'élève mes regards vers ton trône, et j'espère
Que mon dernier moment assurera mon sort,
Et que je tomberai dans les bras de mon père
En tombant dans ceux de la mort.

---

190. AIR No. 28 : *O Gott du frommer Gott.*
Ou No. 29 *ou* 30.

1. MONDE, ne vante plus le pouvoir de tes charmes!
Ta faveur est pour nous une source de larmes;
Ton empire est un joug pesant et rigoureux,
Et ton faste trompeur cache un néant affreux.

2. Mais libre enfin des fers d'un si dangereux maître,
Quel bien goûte un mortel qui cherche à te connaître,
Grand Dieu! Quel calme pur! Quels trésors précieux!
Oui, son ame déjà semble habiter les cieux!

3. Tous ces événemens dont la foule importune
Des aveugles mortels traverse la fortune,
Feraient de vains efforts pour troubler son repos;
Les biens que Dieu dispense affrontent leurs assauts.

4. Quand le ciel indigné des forfaits de la terre,
Contre l'iniquité fait gronder son tonnerre,
Du chrétien vertueux il demeure l'appui;
Le juge des méchans est un père pour lui.

5. Vaines distinctions dont notre ame est éprise,
Vous qu'en ses saints désirs le fidèle méprise,
Que peut sur son esprit votre éclat suborneur!
Loin de vous, en Dieu seul, il cherche son honneur.

6. Le Tout-puissant reçoit ses secrets sacrifices,
Il répand dans son ame un torrent de délices;
Le goût anticipé d'un éternel bonheur
A comblé ses désirs et satisfait son cœur.

DEVOIRS ENVERS LE PROCHAIN.

CHARITÉ.

191. Air N°. 53 : *Was sorgst du ængstlich für dein.*

1. Doué du langage des anges,
En vain, mon Dieu, de tes louanges
Je remplirais tout l'univers!
Sans l'amour, ma gloire n'égale
Que le vain bruit de la cymbale
Dont on fait retentir les airs.

2. Quand je sonderais les abîmes

Des mystères les plus sublimes,
Quand je lirais dans l'avenir ;
Sans l'amour ma science est vaine,
Comme le songe dont à peine
Il reste un léger souvenir.

3. Quand triomphant de mille obstacles,
Ma foi, par d'éclatans miracles,
Exalterait le nom chrétien ;
Quand mes mains de mon héritage
Aux pauvres feraient le partage,
Sans charité je ne suis rien.

4. Que de vertus suivent ta trace,
O charité, fruit de la grâce !
Avec toi marchent la douceur,
L'humilité, la bienveillance,
La justice, la patience,
Et la paix, leur aimable sœur !

5. Tu sais, excusant le coupable,
Jeter un voile favorable
Sur ses défauts pour les couvrir :
Quel triomphe manque à ta gloire !
Tu sais tout surmonter, tout croire,
Tout espérer et tout souffrir !

6. On a vu cesser les oracles ;
Le don des langues, les miracles,

Le savoir, ont eu leur déclin :
L'amour, la charité divine,
Éternelle en son origine,
Ne connaîtra jamais de fin.

7. Sous tes yeux, Dieu juste et propice !
De notre céleste édifice
La foi jette le fondement;
La sainte espérance l'élève,
L'ardente charité l'achève,
Et l'assure éternellement.

BIENVEILLANCE.

192. Air N°. 49 : *Wie gross ist des Allmæcht'gen.*
Ou N°. 50 *ou* 51 (*air du Ps. CXVIII*).

1. O Dieu, ta tendresse infinie
N'oublie aucun de tes enfans !
Les biens les plus doux de la vie
Sont communs à tous les vivans :
Pour tous l'astre du jour doit luire ;
Pour tous la terre s'embellir ;
Tous ont un esprit pour s'instruire,
Tous ont une ame pour sentir !

2. Ta bienfaisance se déploie
Aussi loin que brillent les cieux !

Tout cœur est sensible à la joie!
Tout respire pour être heureux!
Et l'homme pourrait se méprendre
Aux lois que tu veux lui dicter!
Goûter tes dons sans les répandre!
Voir tes bienfaits sans t'imiter!

3. Non, l'homme dur, impitoyable,
N'ose aspirer à tes faveurs,
S'il peut voir souffrir son semblable,
Sans être attendri de ses pleurs!
Celui dont le cœur s'intéresse
Aux maux qu'il cherche à soulager,
Trouvera seul dans sa détresse
Ton bras prêt à le protéger!

4. Ah! partout le chrétien contemple
Les trésors que répand ta main!
Sa bienveillance, à ton exemple,
Embrasse tout le genre humain.
Il ne met point de différence
Entre ceux qu'il doit secourir;
Il corrige avec indulgence,
Il plaint l'erreur sans la haïr.

5. Il voit les dons d'un même Père
Descendre sur tous ses enfans;
Chaque mortel qui te révère
A droit à ses soins bienfaisans.

Tu l'observes, ton cœur l'approuve,
Ta faveur repose sur lui ;
Ta providence fait qu'il trouve
Son bonheur dans celui d'autrui.

TOLÉRANCE.

193. Air *N°. 28 : O Gott du frommer Gott.*
Ou N°. 29 *ou* 30.

1. Fuis les emportemens d'un zèle atrabilaire !
Ce mortel qui s'égare est un homme, est ton frère ;
Ferme en tes sentimens, et simple dans ton cœur,
Aime la vérité, mais pardonne à l'erreur !

2. Songe que Dieu peut seul expliquer son ouvrage,
Donner la force au faible, et la lumière au sage !
L'homme, au doute, à l'erreur abandonné sans lui,
Cherche en vain un roseau qui lui serve d'appui.

3. A la loi de Jésus sincèrement fidèle,
Sois doux, compatissant, sage, indulgent comme elle !
Du zélateur outré déteste la fureur !
Seul tu serais coupable en punissant l'erreur !

4. Dans nos jours pleins d'ennuis, de peines, de misères,
Enfans d'un même Dieu, chérissons-nous en frères !
L'un l'autre entr'aidons nous à porter nos fardeaux !
A nos maux gardons-nous d'en joindre de nouveaux !

5. Nul n'existe ici-bas sans connaître les larmes ;
De la religion les secourables charmes
Tendent à les tarir, ils font cesser nos pleurs ;
Dans les maux les plus durs ils consolent nos cœurs.

6. Ah ! sachons mériter ce grand bien qui nous reste !
De notre auguste chef suivons la voix céleste !
Au zèle, comme lui, joignant la charité,
Un jour nous aurons part à sa félicité.

CONCORDE.

194. Air N°. 10 : *Ermuntre ic mein schwacher.*
Ou N°. 11.

1. Dieu de paix, dieu de charité,
Nous voulons vivre en frères !

Telle est ta sainte volonté,
Tels sont nos vœux sincères!
Éclaire notre entendement
Sur un si doux commandement!
A ce devoir facile
Rends notre cœur docile!

2. Tu nous mis tous au rang des tiens,
Seigneur, dès l'origine;
Pour resserrer ces doux liens,
Ta bonté nous destine
Un jour à tous un même ciel;
Un même bonheur éternel
Sera la récompense
De notre obéissance.

3. Tous nous adorons le grand Dieu
Qui nous a donné l'être;
Et tous nous avons fait le vœu
De n'avoir d'autre maître
Que notre Sauveur Jésus-Christ;
D'autre guide que son Esprit;
Tous un même baptême
Nous voue au Dieu suprême.

4. Ah! bannis donc de notre cœur
La haine et la vengeance!
Dieu de paix, étouffe l'aigreur!
Détruis l'intolérance!

Loin de nous les dissensions,
Les funestes divisions,
La criminelle envie,
Fléau de notre vie!

5. Inspire-nous la charité,
L'esprit de patience!
Que nos cœurs pleins d'humilité
S'ouvrent à l'indulgence!
Ah! que d'un lien fraternel,
La paix, douce fille du ciel,
En mille biens féconde,
Vienne entourer le monde!

6. Ainsi nous passerons nos jours
Au sein de la concorde,
Certains de ton divin secours,
Dieu de miséricorde!
Tous d'une voix nous bénirons
Ton nom sacré! Nous ne serons,
Animés par ta flamme,
Tous qu'un cœur et qu'une ame!

PARDON DES INJURES.

195. Air N°. 35: *Ruhet wohl ihr Todtenbeine.*
Ou N°. 36.

1. Aimer ceux qui nous haïssent,

Leur pardonner de bon cœur ;
Bénir ceux qui nous maudissent,
Prier pour eux le Seigneur ;
C'est la marque où notre maître
Promet de nous reconnaître.

2. Dieu jette un regard propice
Sur l'homme plein de douceur ;
Mais il hait le sacrifice
Des cœurs livrés à l'aigreur ;
Il déteste leurs offrandes,
Et rejette leurs demandes.

3. Tu nous donnes ton exemple
En recommandant la paix,
Grand Dieu ! Plus je le contemple,
Plus j'y découvre d'attraits :
Embrase-moi d'un saint zèle
Pour suivre un si beau modèle !

---

196. Air N°. 49 : *Wie gross ist des Allmæcht'gen.*
Ou N°. 50 *ou* 51 (*air du Psaume CXVIII*).

1. Nous à qui le Christ fit connaître
Les devoirs de l'humanité,
Apprenons de ce divin maître
A pratiquer la charité !

Victime de leur barbarie,
Il prie encor pour ses bourreaux,
Après nous avoir de sa vie
Consacré les nombreux travaux.

2. Et je pourrais haïr mon frère,
Le disciple de mon Sauveur !
Et je pourrais à la colère,
A la vengeance, ouvrir mon cœur !
Non, Seigneur, je veux de mon zèle
Te prouver la sincérité,
En imitant le grand modèle
De ta divine charité !

3. Je veux au prochain qui m'offense,
Offrir le pardon et la paix;
Abjurant la sombre vengeance,
Fléchir son cœur par mes bienfaits !
Si mon frère un instant s'égare,
J'irai, plein d'un sincère amour,
Touché des maux qu'il se prépare,
Vers le bien hâter son retour !

4. Ennemi de la médisance
Qui va publiant le péché;
Sous le voile de l'indulgence
Je saurai le tenir caché.
En un mot, Seigneur, je n'aspire
Qu'à faire, du fond de mon cœur,

Au prochain ce que je désire
Qu'il veuille faire en ma faveur !

---

197. AIR No. 19 : *Kommt her zu mir spricht Gottes Sohn.*
Ou, en réunissant deux versets, air du Ps. XXXVI

1. CHRÉTIENS, à notre créateur
Vouons pour jamais notre cœur !
Aimons l'Être-Suprême !
Selon son ordre souverain,
Que chacun aime son prochain
Comme il s'aime soi-même !

2. Du Christ dignes imitateurs,
Prions pour nos persécuteurs !
A ceux qui nous haïssent
Ouvrons nos bras et notre cœur !
Bénissons, au nom du Seigneur,
Tous ceux qui nous maudissent !

3. Soyons ainsi les vrais enfans
Du Dieu qui fait même aux méchans
Éprouver sa clémence ;
Et qui répand du haut des cieux,
Et sur ses élus et sur eux,
Ses biens en abondance !

4. Puissions-nous, ô Dieu de bonté,
Consacrer à la charité

Notre courte existence !
Touchés de tes divins bienfaits,
Puissions-nous, Seigneur, à jamais,
Abjurer la vengeance !

VÉRACITÉ.

198. Air N°. 49 : *Wie gross ist des Allmæcht'gen*
Ou N°. 50 ou 51 (air du Ps. CXVIII).

1. O Dieu ! dans l'univers immense,
Il est un séjour respecté,
Où la gloire de ta présence
Brille avec plus de majesté :
Quel mortel, dans ce lieu paisible,
Pourra se flatter d'être admis,
Et vers ton trône inaccessible
Portera ses pas affermis ?

2. Le mortel dont les mains sont pures,
Dont le cœur hait l'iniquité ;
Qui, par de lâches impostures,
Ne trahit point la vérité.
Cet homme intègre dans sa voie,
Et véridique en ses discours,
Un jour moissonnera la joie
Dont rien ne doit borner le cours.

3. Tels sont tous ceux que, sur tes traces,

Divin Sauveur, on vit marcher,
Et qui, dans toutes leurs disgrâces,
N'ont pas cessé de te chercher !
Déjà, t'exprimant leur hommage
Par mille cantiques pieux,
Leur voix retentit d'âge en âge
Dans le séjour des bienheureux.

SINCÉRITÉ.

199. Air N°. 28 : *O Gott du frommer Gott.*
Ou N°. 29 ou 30.

1. Douce sincérité, fille de l'innocence,
T'abandonnerions-nous au sortir de l'enfance,
Lorsque des passions, trop promptes à germer,
Le feu séditieux commence à s'allumer !

2. Es-tu le don d'un âge et le rebut des autres ?
Non, tes lois en tout temps peuvent être les nôtres !
Le mortel vertueux te suit avec ardeur ;
Il est homme par l'âge, enfant par la candeur.

3. Tu sais paraître simple et n'avoir rien qui blesse ;
Libre sans impudence, et ferme sans rudesse ;
Tu sais être partout l'organe de l'honneur,
L'écho de la pensée et l'image du cœur.

4, Mais sans toi, tout est fard, illusion, surface;
L'amitié nous trahit, la haine nous embrasse;
Et l'homme corrompu vend aux déguisemens
Ce qu'il dit, ce qu'il fait, et tous ses sentimens.

5. C'est toi qui, détestant l'odieux artifice,
Sous l'encens des flatteurs découvres leur malice:
Eh! quelle autre vertu, dans la société,
Répandit plus de biens que la sincérité!

6. Elle seule établit la douce confiance;
Souvent elle a sauvé la vie à l'innocence;
Pour le salut public on la vit mille fois
Courageuse, intrépide, oser parler aux Rois.

7. D'une voix tour à tour modeste ou tutélaire,
Elle donne ou demande un conseil salutaire;
Elle cède au mérite, elle avoue une erreur;
L'art est son ennemi, la justice est sa sœur.

8. Peut-il être, sans elle, un ami véritable!
Peut-il être un lien qui soit sûr ou durable!
Viens, céleste vertu! L'artifice pervers
N'a que trop asservi ce parjure univers!

9. Brise un joug si honteux! Que ta lumière pure
Repousse loin de nous la hideuse imposture!
Que l'homme qui te fuit change et retourne à toi!
Que l'enfant qui naîtra reste épris de ta loi!

10. Fais-nous paraître enfin toujours tels que nous sommes,
Et conserve ou reprends tes droits sur tous les hommes !
A tes aimables traits, noble sincérité !
L'on connaît les enfans du Dieu de vérité.

ACTIVITÉ POUR LE BIEN SOCIAL.

200. Air N°. 16 : *Je chanterai, Seigneur.*
Ou N°. 17.

1. Réveille-toi, mortel, deviens utile au monde !
Sors de l'indifférence où languissent tes jours !
Le temps fuit, hâte-toi ! Demain la nuit profonde
Pour toi peut en borner le cours.

2. Regarde autour de toi, contemple tout l'espace ;
Par quel accord divin ce monde est gouverné !
Nul être n'est oisif, tout occupe sa place ;
Tout se suit, tout est enchaîné.

3. Et toi qui te connais, dont l'ame est immortelle,
Sur ce globe, au hasard tu te croirais jeté !
Toi seul, indépendant de la chaîne éternelle,
Tu vivrais sans activité !

4. Les hommes t'ont servi, même avant ta naissance ;
Ils t'ont créé des lois et bâti des remparts;
De vingt siècles unis la lente expérience
T'offre et t'a préparé les arts.

5. La maison qui te couvre et qui te sert d'asile,
Le pain qui te nourrit, tes plaisirs, tes besoins,
Tout impose à ton cœur le devoir d'être utile ;
Ton prochain réclame tes soins.

6. Apprends que la vertu veut des ames actives!
Dans un honteux repos elle n'existe plus ;
Son sommeil est un crime, et les vertus oisives
Ont cessé d'être des vertus.

7. L'homme se doit à l'homme, en tout rang, à tout âge ;
Sur le riche et le grand l'indigent a des droits,
Le faible sur le fort, l'ignorant sur le sage,
Et les nations sur les Rois.

8. Tu dors, et les mortels autour de toi gémissent ;
L'innocent opprimé lutte avec le malheur !
Tu vis dans l'indolence, et partout retentissent
Les cris plaintifs de la douleur !

9. Oh ! combien d'orphelins, de mères expirantes,

De vieillards vertueux consumés par la faim,
D'innocens dans les fers, de familles errantes,
Qui de pleurs humectent leur pain!

10. Ah! crains d'entendre un jour la nature irritée
Parler en leur faveur, te reprocher leur mort!
Crains cet effroi vengeur de l'ame tourmentée
Par les cris tardifs du remords!

11. Renonce à ton repos, sors de ton indolence!
Soulage ton semblable en proie au désespoir!
Imiter du Très-Haut la bonté, la clémence,
Tel est, ô mortel, ton devoir!

AUMONE.

201. Air N°. 16 : *Je chanterai, Seigneur.*
Ou N°. 17.

1. Heureux qui, d'une main et d'un cœur charitable,
Soulage l'indigent dans ses nécessités!
Dieu saura lui prêter son secours favorable
Dans toutes ses adversités.

2. Par les dons généreux qu'il fait au misérable,
Il captive les cœurs du faible et du puissant;
Chacun se plaît à voir assister son semblable,
Et chérit l'homme bienfaisant.

3. Ah! quel charme plus doux dans toute la nature!
Quel plaisir est plus pur et plus délicieux!
Il prend part ici-bas au bonheur qu'il procure,
Et place son trésor aux cieux.

4. Les dons que sur la terre aux pauvres il dispense,
Jésus les voit du haut de son trône éternel;
Lui-même il les reçoit, sa main pour récompense
Lui destine les biens du ciel.

---

202. Air N°. 31.

1. Heureux qui vit dans l'aisance
Comblé des dons du Seigneur!
Plus heureux si l'indigence
En lui trouve un bienfaiteur!
Mais veux-tu que tes largesses
Aient du prix à nos yeux?
Au milieu de tes richesses
Respecte les malheureux!

2. Pense, en portant ton offrande,
Qu'il est dur de recevoir!
Souvent celui qui demande
Est réduit au désespoir.
Que ton abord soit facile!

Quelquefois le riche est craint ;
Bannis la pitié stérile
Qui fuit celui qu'elle plaint !

3. Ce pauvre qui t'importune
Eut peut-être un sort plus beau :
Un revers de la fortune
Peut te mettre à son niveau.
En lui peux-tu méconnaître
L'image du Dieu vivant?
Celui qui t'a donné l'être
L'appelle aussi son enfant.

4. O Sauveur plein de tendresse!
Ami de l'humanité !
Je veux imiter sans cesse
L'exemple de ta bonté.
Consacrer à l'indigence,
Pour en faire un digne emploi,
Les dons que Dieu me dispense,
C'est les consacrer à toi.

---

203. Air N°. 49 : *Wie gross ist des Allmæcht'gen.*
Ou N°. 50 *ou* 51 (*air du Ps. CXVIII*).

1. Chrétien, tu te crois charitable,
Pour avoir quelquefois donné;
Mais ton motif fut-il louable

En soulageant l'infortuné?
Sonde ton cœur, si tes largesses
Sont le fruit de la vanité ;
Dans ces orgueilleuses faiblesses,
Dieu peut-il voir la charité?

2. Quelles seront tes récompenses,
Si tu soulages sans bonté,
Si tu ne cèdes qu'aux instances
De la seule importunité?
Du culte si la différence
Glace ton cœur pour ton prochain,
Égaré par l'intolérance,
Ne seras-tu pas inhumain ?

3. Si l'affligé te sollicite,
Ferme les yeux sur ses erreurs!
Sans trop consulter son mérite,
Hâte-toi d'essuyer ses pleurs!
Imite le céleste Père
Qui, bénissant tous ses enfans,
Verse la pluie et la lumière
Sur les bons et sur les méchans!

4. Ah! de la veuve charitable
Le faible don plut au Seigneur ;
Ta faible aumône est agréable
A celui qui regarde au cœur.
Si tu peux combler l'indigence

De dons fréquens et généreux,
Donne cours à ta bienfaisance!
Dieu te le rendra dans les cieux.

PRIÈRE POUR LA PATRIE ET POUR LE GOUVERNEMENT.

204. Air N°. 28 : *O Gott du frommer Gott.*
Ou N°. 29 *ou* 30.

1. Source de tous nos biens, auteur de notre vie!
Couvre de ton égide, ô Dieu, notre patrie!
Daigne au milieu de nous maintenir l'union,
La liberté, la paix et la religion!

2. Bannis de nos cités l'aveugle fanatisme,
La criminelle envie et le froid égoïsme!
Que la voix de ton fils, ô Dieu de charité,
Étouffe parmi nous toute animosité!

3. A notre Souverain accorde ta sagesse!
Qu'il opère le bien sans crainte et sans faiblesse;
Augmente ses vertus, enseigne-lui ta loi;
Sauve, sauve, Seigneur, et bénis notre Roi!

---

205. Air N°. 49 : *Wie gross ist des Allmæcht'gen.*
Ou N°. 50 *ou* 51 (*air du Ps. CXVIII*).

1. Grand Dieu, dont le pouvoir suprême
Règle le destin des états!

Conserve aux Rois leur diadême,
Leurs droits sacrés aux magistrats!
Accorde-nous, par ta clémence,
Des chefs éclairés et pieux,
Dont la sagesse et la prudence
Concourent à nous rendre heureux!

2. Fais que, sans détour, sans contrainte,
En te servant, souverain Roi,
Leur cœur fidèle à ta loi sainte,
Te craigne et ne craigne que toi!
Que détestant tout artifice,
Abhorrant toute iniquité,
Ils administrent la justice
A tous avec intégrité!

3. Que ta sagesse les éclaire
Sur nos plus réels intérêts,
Et que le désir de te plaire
Leur inspire tous leurs projets!
Dispense-leur en abondance
L'esprit de toute vérité,
De bon conseil, de prévoyance,
De zèle et de fidélité!

4. Fais-leur sans cesse bien comprendre
Qu'ils ne sont devant toi, Seigneur!
Que fragilité, poudre et cendre,
Malgré l'éclat de leur grandeur;

Qu'un jour ils ont un compte à rendre
Aux pieds de ton trône éternel ;
Ah! puissent-ils sans crainte attendre
Ce jour terrible et solennel!

5. Sois présent à leurs assemblées!
Par eux conserve-nous la paix!
Sur leurs personnes révérées
Répands à jamais tes bienfaits!
Qu'ils trouvent dans leur conscience,
Dans des succès toujours nouveaux,
Leur plus touchante récompense,
Le prix de leurs nobles travaux!

---

206. Air N°. 20 : *Lob Ehr und Preis.*
Ou N°. 21, 22 *ou* 23

Comble des dons de ta faveur
Notre Roi, notre père!
Qu'il couvre ton peuple, Seigneur,
De sa main tutélaire!
Qu'ici-bas tes heureux enfans,
Unis, zélés, reconnaissans,
N'aspirent qu'à te plaire!

TEMPS, AGES ET CIRCONSTANCES.

PRIÈRE DU MATIN.

207. AIR N°. 49 : *Wie gross ist des Allmächt'gen.* *Ou* N°. 50 *ou* 51 (*air du Ps. CXVIII*).

1. SOURCE de lumière et de vie,
Mon Dieu, mon Seigneur et mon Roi!
J'implore ta grâce infinie :
Dès le matin exauce-moi!
Enseigne-moi ce qu'il faut faire
Pour plaire à tes yeux en ce jour;
Que ton divin Esprit m'éclaire,
Et m'enflamme de ton amour!

2. Au moment où je vais reprendre
L'œuvre de ma vocation,
Père éternel, daigne répandre
Sur moi ta bénédiction!
Fais que, dans mon travail, je pense
A ta grandeur, à mon néant,
A mes péchés, à ta clémence,
A ma fin, à ton jugement!

3. Ne permets pas que l'indigence
Me jette dans le désespoir!
Ne permets pas que l'abondance
Me fasse oublier mon devoir!

Garantis mon cœur de l'envie,
Et fais que, content de mon sort,
Sur ta loi je règle ma vie,
En me préparant à la mort !

---

208. Air N°. 7 : *Befiehl du deine Wege.*
Ou airs des Psaumes CXXVIII ou CXXX.

1. Créateur de mon être,
Toi qui règles mon sort !
Seul arbitre, seul maître
De mes jours, de ma mort !
Je t'offre les prémices
Du jour qui luit sur moi ;
Je veux, sous tes auspices,
En faire un digne emploi.

2. Daigne, d'un œil propice,
En voir tous les instans !
Que ta main en bénisse,
Seigneur, tous les momens !
Que surtout ta clémence
M'accordant son secours,
La paix et l'innocence
En marquent tout le cours !

3. Que mes travaux m'acquièrent
Ta bénédiction !
Que mes œuvres prospèrent

Sous ta protection !
Fais que, suivant la trace
Que nous ouvrent tes saints,
Mes jours soient, par ta grâce,
Des jours purs et sereins !

PRIÈRE DU SOIR.

209. Air No. 49 : *Wie gross ist des Allmœcht'gen.*
Ou No. 50 *ou* 51 (*air du Ps. CXVIII*).

1. Sous tes secourables auspices,
Seigneur ! nous achevons ce jour ;
Qu'encor la nuit, tes soins propices
Nous garantissent ton amour !
Sois notre garde et notre asile !
Joins, aux biens que tu nous as faits,
La douceur d'un sommeil tranquille,
Et le sentiment de ta paix !

2. Éclaire sans cesse notre ame
Des rayons d'une vive foi !
Allume la céleste flamme
Dont nous devons brûler pour toi !
L'heure fuit, la vanité passe ;
Mais qui te consacre ses ans,
Seigneur ! revivra par ta grâce,
Pour franchir les bornes du temps.

210. Air N°. 26 : *Nun ruhen alle Wælder.*

1. Tout dort dans la nature,
Et chaque créature
A fini ses travaux ;
Toi seul, ô Dieu, tu veilles !
Jamais tu ne sommeilles,
Toi qui dispenses le repos !

2. L'astre de la lumière
A fourni sa carrière,
En versant des bienfaits ;
Ah ! que toujours la mienne
Soit semblable à la sienne !
Et je m'éteindrai sans regrets.

3. La nuit lugubre et sombre
Va couvrir de son ombre
Tant d'êtres malheureux !
Si leur ame agitée
Par moi fut attristée,
O sommeil, fuis loin de mes yeux !

4. Pardonne, ô Dieu de grâce !
Que ma douleur efface
Les erreurs de ce jour !
Si mon ame égarée

Au vice s'est livrée,
Vers le bien hâte mon retour!

RENOUVELLEMENT DE L'ANNÉE.

211. Air N°. 28 : *O Gott du frommer Gott.*
Ou N°. 29 *ou* 30.

1. Bénis ton Dieu, mon ame! une nouvelle année
Descend du haut des cieux de bienfaits couronnée;
Ce don de l'Éternel, l'as-tu bien mérité?
Adore son saint nom, rends grâce à sa bonté!

2. Grand Dieu, de qui je tiens toute mon existence!
Tu m'as pris au berceau pour guider mon enfance;
Dès-lors tu m'as comblé de biens jusqu'à ce jour,
Et tu m'as prodigué les soins de ton amour!

3. Tu veux me pardonner l'abus de mes journées;
Malgré le peu de fruit qu'ont produit mes années,
Malgré le temps perdu, tu veux multiplier
Mes jours, en me pressant de les mieux employer!

4. Ah! fais qu'enfin je songe au seul bonheur
solide!
Le temps de mon salut fuit d'une aile rapide;
Et si je perds ce temps, quelle témérité!
Je le perds pour la terre et pour l'éternité!

5. Sois avec moi, Seigneur, encor dans cette
année!
Ta grâce la rendra pour moi plus fortunée,
Plus féconde en vertus, plus salutaire aux miens,
Plus digne enfin de toi, de qui seul je la tiens!

6. Nous fondons notre espoir sur toi, Dieu de
nos pères!
Prends soin de tes enfans, protège tous nos
frères!
Bénis et nos projets et notre activité!
Daigne veiller toi-même à notre sûreté!

7. Sois le guide constant de la tendre jeunesse!
Sois l'asile du faible au jour de la détresse!
Relève l'opprimé, soulage l'indigent!
Assiste le malade, et sauve le mourant!

8. Ainsi nous passerons sous tes yeux les années
Que dans ta charité tu nous as destinées,
Prêts à quitter ces lieux, contens de notre sort,
Sans regretter la terre et sans craindre la mort!

212. Air N°. 28 : *O Gott du frommer Gott.*
Ou N°. 29 *ou* 30.

1. O toi qui des mortels règles la destinée !
C'est pour te consacrer cette nouvelle année,
Que nous venons, Seigneur ! avec humilité,
Nous prosterner aux pieds de ta divinité !

2. Hélas ! combien de fois, ô Dieu toujours propice !
N'avons-nous pas armé le bras de ta justice !
Ah ! daigne pardonner à de faibles humains
Tant de péchés commis contre tes ordres saints !

3. Pour la vertu, Seigneur, une ardeur éternelle,
Un cœur toujours soumis, toujours humble et fidèle,
Pour toi, pour le prochain, brûlant d'un saint amour,
C'est ce que nous venons te promettre en ce jour !

4. Heureux si, convaincus que tout est périssable,
Que nul bien temporel ne peut être durable,
Que tout passe ici-bas avec rapidité,
Nous nous gardons du monde et de sa vanité !

5. Heureux si, désormais aux seuls biens véritables,

Aux seuls biens faits pour nous, éternels, immuables,
Aux célestes trésors consacrant notre cœur,
Nous cherchons en toi seul un solide bonheur!

6. Si tu veux, ô grand Dieu! borner notre carrière,
Fais que tous, sans regret, à notre heure dernière,
Quittant des biens trompeurs pour des biens éternels,
Nous remettions notre ame en tes bras paternels!

---

213. AIR No. 28 : *O Gott du frommer Gott.*
Ou No. 29 *ou* 30.

1. MAITRE de nos destins, seul grand, seul adorable,
Seigneur! tu vois du haut de ton trône immuable,
Sans jamais éprouver les atteintes du temps,
Les siècles s'écouler comme de courts instans!

2. Tu donnas, Dieu très-haut! de ta gloire éternelle
Aux fils de la poussière une faible étincelle;
Ils viennent en ce jour, avec humilité,
Implorer de concert ta suprême bonté!

3. Chaque instant qui s'ajoute à notre courte vie
Nous atteste, Seigneur, ta clémence infinie !
Tes suprêmes décrets ont réglé notre sort,
Et toi seul tu connais le jour de notre mort.

4. Tu peux, dès qu'il te plaît, terminer ma carrière ;
Dès que tu dis : Mortel, rentre dans la poussière !
Soudain je vois s'ouvrir le tombeau sous mes pas,
Et je suis entouré des ombres du trépas.

5. S'il te plaisait, ô Dieu ! de précipiter l'heure
Où mon corps descendra dans la sombre demeure ;
Fais que je puisse en paix voir s'approcher ma fin,
Et fort de ton amour, m'élancer dans ton sein !

6. Mais si tu veux encor prolonger mes années,
Accorde-moi, Seigneur, d'heureuses destinées !
Garde-moi de l'erreur, seconde mes travaux !
Daigne sécher mes pleurs et soulager mes maux!

7. Fais qu'en tout temps, couvert du bras de ta puissance,
Plein d'une vive foi, d'une ferme espérance,
Je poursuive ici-bas ma route sous tes yeux,
Et qu'au terme arrivé, j'entre enfin dans les cieux !

214. Air No. 49 : *Wie gross ist des Allmæcht'gen.*
Ou No. 50 ou 51 (air du Ps. CXVIII).

1. Arbitre de mes destinées !
Je me prosterne devant toi !
Tu comptes mes jours, mes années,
Tes yeux en découvrent l'emploi.
L'an qui finit m'a-t-il vu faire
Ce que tu m'as prescrit, Seigneur ?
Le nouveau soleil qui m'éclaire,
Hélas ! me verra-t-il meilleur ?

2. A ta voix, ô Père adorable !
Chaque saison vient à son tour
Verser, dans un ordre immuable,
Sur nous les dons de ton amour.
Puissé-je de même, à tout âge,
Mettant à profit tes secours,
Faire, Seigneur, un digne usage
De mes forces et de mes jours !

3. Que l'an nouveau que je commence,
O mon Dieu, te soit consacré !
Puisse du prix de l'existence,
Mon cœur être bien pénétré !
Si je compte chaque journée
Par mes progrès dans la vertu,

Je verrai s'écouler l'année
Sans qu'un instant en soit perdu.

PRINTEMPS.

215. AIR N°. 21 : *Es ist gewisslich an der Zeit*
Ou N°. 20, 22 *ou* 23.

1. LOUONS à l'envi par nos chants
L'auteur de la nature!
Il nous ramène du printemps
La riante verdure.
Tout ce que l'univers contient,
Il l'a produit, il le soutient;
Adorons sa puissance!

2. De gazons, de nouvelles fleurs,
La terre se couronne;
Déjà de nos cultivateurs
L'espérance moissonne.
L'oiseau qui s'élève dans l'air,
Et dans la poudre l'humble ver,
Se réjouit de vivre.

3. L'air est plus doux, un ciel d'azur,
A travers le feuillage,
Brille d'un éclat vif et pur;
Tout être, en son langage,
Chante le Seigneur des Seigneurs,

Dont la bonté, dans tous les cœurs,
Ramène l'allégresse.

4. Chrétiens! fléchissons les genoux
Devant l'Être-Suprême!
Il est près de chacun de nous;
Il nous voit, il nous aime;
Sa main nous dirige; son bras,
Partout où nous portons nos pas,
Nous garde et nous protège.

5. Il fait tomber sur nos vallons
La pluie et la rosée;
La terre nous fournit ses dons,
Par lui fertilisée.
Il règle seul le cours des vents;
Par le combat des élémens
Il féconde nos plaines.

6. Son bras dirige les éclairs;
Il commande aux tempêtes;
Il fait gronder, au haut des airs,
Sa foudre sur nos têtes.
Grand Dieu, tous alors devant toi,
Courbant leurs fronts, saisis d'effroi,
Tremblent et s'humilient!

7. Mais tu parles, au même instant
Se calment les orages;

Un jour plus serein, plus brillant,
Dissipe les nuages.
Tout célèbre alors ta grandeur
Qui, du sein même de l'horreur,
Fait couler l'abondance.

8. Source de ma félicité;
Dieu, dont je tiens la vie!
Que, jusque dans l'éternité,
Mon cœur te glorifie!
Qu'ainsi, suivant ta sainte loi,
L'on puisse remarquer en moi,
Seigneur, ta vive image!

FÊTE DES RÉCOLTES.

216. Air N°. 31.

1. Le Dieu qui nous donna l'être
Veille pour nous en tout temps;
Seul notre souverain maître,
Il règle tous nos instans.
La vie et la nourriture
Dont jouissent les humains,
Tous les dons de la nature,
Sont des présens de ses mains.

2. Ah! de sa munificence

Quels ne sont pas les effets !
Je les vois dans l'abondance
De nos fertiles guérets ;
Les fruits divers dont l'automne
Se pare et nous enrichit,
C'est le Seigneur qui les donne,
C'est sa voix qui les produit.

3. Sa bonté sans cesse active
Pourvoit à tous nos besoins ;
Sa providence attentive
Nous prodigue tous ses soins.
Éclairé de sa lumière,
Si j'appris ses saintes lois,
Si je crois et si j'espère,
C'est à lui que je le dois !

4. Je veux, plein de confiance,
Recevoir de l'Éternel
Le destin qu'il me dispense
Dans son amour paternel ;
O toi, ma seule espérance !
Sage arbitre de mon sort !
Tu seras ma délivrance
Dans la vie et dans la mort.

217. AIR N°. 28 : *O Gott du frommer Gott.*
Ou N°. 29 *ou* 30.

1. BÉNISSONS l'Éternel, le créateur du monde,
Qui, déployant partout sa puissance féconde,
Sait nourrir en tous lieux tous les êtres divers
Dont sa main a peuplé cet immense univers !

2. Tu fécondes la terre, Auteur de la nature ;
Pour fournir aux besoins de toute créature
Ses innombrables biens et ses précieux fruits,
C'est toi seul, Dieu très-haut, toi seul qui les produis !

3. Seigneur ! nous devons tout à tes faveurs suprêmes ;
Ta bonté s'intéresse à nous plus que nous-mêmes ;
Ta sainte providence a, par ses soins constans,
Fait réussir notre œuvre et prospérer nos champs !

4. Enrichis de tes biens, nous pourrons de nos frères
Alléger les fardeaux, soulager les misères ;
Et touchés comme nous de tes dons précieux,
Seigneur, ils te rendront leur hommage et leurs vœux !

5. Tu vois de tes trésors versés sur nos contrées,

Tu vois, ô Dieu tout bon, nos ames pénétrées !
L'espérance et la joie, en ces heureux momens,
Ont ranimé le cœur de tes pieux enfans.

6. Toi-même inspire-nous l'humble reconnaissance
Qui t'est due, ô grand Dieu! Que jamais l'abondance,
D'un criminel orgueil enflant nos faibles cœurs,
Ne nous fasse oublier tes divines faveurs !

7. Fais plutôt, fais, Seigneur, que touchés de tes grâces,
Nous y trouvions surtout des motifs efficaces
A bénir ton saint nom, à te glorifier,
En travaillant sans cesse à nous sanctifier !

8. Purifie en ce jour notre vive allégresse !
Que tout en nous, Seigneur, exalte ta tendresse !
Reconnaissant tes droits, adorant ta grandeur,
Fais que nous rapportions tes dons à ton honneur!

FÊTE DE LA RÉFORMATION.

218. Air N°. 49 : *Wie gross ist des Allmæcht'gen.*
Ou N°. 50 *ou* 51 (*air du Ps. CXVIII*).

1. Entonnons de nouveaux cantiques
A la gloire de l Éternel !

Faisons résonner ses portiques
D'un alléluia solennel !
Loué soit Dieu dans tous les âges !
Église, offre-lui ton amour,
Et redouble tes saints hommages !
Il te fit vaincre en ce beau jour !

2. En vain mille nuages sombres
T'enveloppaient d'obscurité ;
Son souffle dissipa les ombres
Qui t'avaient ravi la clarté !
Semblable à la fleur éphémère,
L'homme passe dans un moment ;
Mais la parole salutaire
Doit fleurir éternellement.

3. Les ténèbres couvraient la terre ;
Dieu dit, comme au premier matin :
Que de nouveau soit la lumière !
Et la lumière fut soudain.
Les élus reprirent courage,
L'espoir fit palpiter leur cœur,
Comme à Noé sur le rivage
A l'aspect de l'arc du Seigneur.

4. Quelles nouvelles destinées
Préparèrent à l'univers,
Grand Dieu, ces fameuses journées,

Où ton pouvoir brisa nos fers ;
Le véritable, le fidèle,
L'agneau de Dieu, l'ange de paix,
Ouvrit une porte éternelle
Qui ne se fermera jamais.

5. De la plus brillante couronne
Pare-toi, fille de Sion !
Jésus te couvre et t'environne
De sa haute protection :
Entends sa parole sublime !
Il dit : Repose-toi sur moi !
Les noires portes de l'abîme
Ne prévaudront point contre toi !

6. O sainte et divine parole,
Qui nous fis sortir du tombeau,
D'un bout du pole à l'autre pole,
Allume ton brillant flambeau !
Que rien ne borne ta carrière !
Que tous les cœurs te soient ouverts,
Et que les flots de ta lumière
Se répandent sur l'univers !

7. Chrétiens, brûlant d'un nouveau zèle,
Enflammez-vous d'un saint transport ;
Qu'en tous lieux son peuple fidèle
Chante les exploits du Dieu fort !

Que ce cri, remplissant le monde,
Retentisse jusqu'au saint lieu :
Gloire à toi, Trinité profonde,
Père, Fils, Esprit, un seul Dieu !

---

219. Air No. 46 : *Wachet auf ruft uns.*

1. Tout en ce jour nous rappelle
De ta clémence paternelle,
Seigneur, les bienfaits précieux !
Toi, dont la main protectrice
Fit, du soleil de la justice,
Briller l'éclat sur nos aïeux !
Daigne encor, de ses feux,
Éclairer leurs neveux !
Que, ta grâce—Les assistant,
Les bénissant,
Ils te servent, ô Dieu vivant !

2. Oh ! sois béni d'âge en âge !
Toi qui ranimas le courage
De nos pieux réformateurs,
Lorsqu'à ta vérité sainte,
A la foi, Seigneur, à ta crainte,
Ils rappelèrent tous les cœurs !
Ton bras, du haut des cieux,
Fut étendu sur eux ;

Ta puissance—Sut les garder,
Les délivrer ,
Au moment du plus grand danger.

3. Ta grâce exauça nos Pères ,
Lorsque leurs ferventes prières
Invoquaient ton nom glorieux.
Comme eux ,.humbles et fidèles ,
Rends-nous dignes de nos modèles !
Rends-nous dignes de nos aïeux !
Fais que , gardant comme eux
Ton dépôt précieux ,
Pleins de zèle ,—Pleins de ferveur,
Notre bonheur ,
Soit de célébrer ta grandeur !

---

220. Air N°. 20 : *Lob, Ehr und Preis.*
Ou N°s. 21, 22 *ou* 23.

1. De nos pieux réformateurs
Si le noble courage
Rendit à tes adorateurs
Leur plus bel héritage ,
Ils s'appuyaient sur ton secours ,
Seigneur, les siècles dans leur cours
Respectent leur ouvrage !

2. La parole de vérité ,

Dont ta cité fidèle
Dut le retour à ta bonté,
A l'ardeur de leur zèle :
Quel trésor! Ah! puisse à jamais
Ton Église en jouir en paix,
A l'ombre de ton aile!

3. Toi qui nous rends des jours sereins
Après de longs orages,
Daigne, accomplissant tes desseins,
Dissiper les nuages
Qu'oppose l'incrédulité,
Seigneur, à la fidélité
De tes saints témoignages!

INAUGURATION D'UNE ÉGLISE.

221. Air N°. 52 : *Du Klagst und fühlest die Beschwerden.*

1 Rendez à Dieu l'honneur suprême!
Il est propice, il est clément;
Et sa bonté, toujours la même,
Dure perpétuellement.

2. La voici l'heureuse journée
Qui remplit nos pieux souhaits;
Louons Dieu qui nous l'a donnée,
Célébrons son nom, ses bienfaits!

3. Béni soit tout chrétien fidèle
Qui se présente en ce saint lieu !
Béni soit qui, rempli de zèle,
Vient ici se vouer à Dieu !

4. Dieu trois fois saint, sois-lui propice !
Éclaire-le par ta faveur !
Qu'à ton autel, en sacrifice,
Avec joie il t'offre son cœur !

5. Éternel ! ton peuple t'implore,
Sois favorable à son souhait !
Que ta sainte présence honore
Le tabernacle qu'il t'a fait !

6. Rendez à Dieu l'honneur suprême !
Il est propice, il est clément ;
Et sa bonté, toujours la même,
Dure perpétuellement.

INSTALLATION D'UN PASTEUR.

222. Air No. 46 : *Wachet auf, ruft uns.*

1. Du soleil de la justice,
Sur tes élus, ô Dieu propice !
Ton fils fait luire les rayons.
De ton divin Evangile,
Ton Esprit au mortel docile

Dicte les célestes leçons.
  Recueillir ces bienfaits,
  Céder aux doux attraits
De ta grâce,—C'est t'honorer,
    Et s'assurer
L'espoir de te plaire à jamais.

2. Pour nous guider en ta crainte,
Ton serviteur de ta voix sainte,
Va nous répéter les accens.
  Bénis son auguste office!
Que sa prière, à ton service,
Consacre à jamais tes enfans!
  Souris du haut des cieux
  A nos concerts pieux!
Notre offrande—C'est notre cœur;
    Ce don, Seigneur,
Est seul agréable à tes yeux!

PRIÈRE EN CAS DE MALADIE.

223. Air N°. 52 : *Du Klagst und fühlest.*

1. Lorsque tout dort dans la nature,
Je me tourmente et je me plains;
Les douleurs que sans fin j'endure
Remplissent mon cœur de chagrins.

2. Je suis toujours dans les alarmes;

Mon ame nourrit ses ennuis ;
Et souvent, à verser des larmes,
Je passe les jours et les nuits.

3. Mon Dieu, mon unique espérance,
De mes maux arrête le cours !
Finis ma cruelle souffrance ;
C'est à toi seul que j'ai recours !

4. Viens, mon Sauveur, viens à mon aide !
Écoute mes cris et mes pleurs !
Fais qu'enfin le calme succède
A mes tourmens, à mes frayeurs !

5. Ne cache plus, ô Dieu, ta face,
Et ne t'éloigne point de moi !
Mon ame, recherchant ta grâce,
Soupire sans cesse après toi.

6. Je sens une affreuse tristesse
Consumer ma chair et mes os ;
Rends à mon ame l'allégresse,
Et donne à mon corps le repos !

7. Hâte, grand Dieu, ma délivrance !
Seul, tu peux remplir mes désirs ;
J'espère tout de ta clémence,
Ah ! mets un terme à mes soupirs !

8. Si ton bras puissant me délivre

Des maux qui causent ma douleur,
Désormais on me verra vivre
Pour ta gloire, ô Dieu mon sauveur!

9. De tout mon cœur, je le désire;
Soumets, Seigneur, par ta bonté,
Soumets à ton céleste empire
Mon inconstante volonté!

10. Fais qu'enfin, guidé par ta grâce,
Et goûtant ta céleste paix,
J'aille un jour contempler ta face
Dans ton paradis à jamais!

EN TEMPS DE CALAMITÉS.

224. Air N°. 12 : *Freu dich sehr o meine Seele.*
Air du Ps. XLII, ou N°. 13.

1. Du Dieu qui, d'un œil propice,
Veut encor te regarder,
Peuple, adore la justice!
Viens à lui sans plus tarder!
Lorsque sa juste rigueur
Frappe et poursuit le pécheur,
Sa voix douce et paternelle
Au droit chemin le rappelle.

2. Tu vois un premier orage

Suivi d'orages nouveaux ;
Dieu n'a mis dans ton partage
Que le deuil et les travaux ;
Mais retourne à ton devoir,
Et fonde alors ton espoir
Sur la clémence infinie
De ce Dieu qui te châtie !

3. Il sait guérir ceux qu'il blesse,
Et sur la terre il n'est rien
Dont sa divine sagesse
Ne puisse tirer du bien.
Venez, recourons à lui !
Qu'il soit notre unique appui !
Et bientôt sa main puissante
Saura combler notre attente.

4. Mais, pour qu'à nos vœux propice
Dieu puisse nous exaucer,
Châtiés par sa justice,
Ah ! cessons de l'offenser !
Confessons-lui nos péchés !
De nos erreurs détachés,
Renonçons à l'injustice !
Quittons le chemin du vice !

5. Si les jours de la détresse
Ont converti notre cœur ;

Si désormais tout nous presse
De rendre hommage au Seigneur;
Ah! bientôt du haut des cieux,
D'un seul regard de ses yeux,
L'Éternel, séchant nos larmes,
Dissipera nos alarmes.

---

225. Air N°. 60.

1. Grand Dieu, dont les bontés égalent la puissance,
Et dont le bras soutient cet immense univers;
Qui, pour tes bien-aimés, maintiens ton alliance,
Et qui, pour les méchans, as créé les enfers!

2. Dans ce jour solennel de pleurs, de pénitence,
Nous venons à tes pieds confesser nos péchés;
Implorer ton pardon, implorer ta clémence,
Et t'apporter des cœurs contrits, humiliés.

3. Insensibles aux dons de ton amour suprême,
Comblés de tes bienfaits nous t'avons offensé;
Oubliant nos devoirs, et tes droits, et toi-même,
Hélas! à te servir nous n'avons pas pensé.

4. Que sommes-nous, grand Dieu? Des ingrats, des rebelles;
Nous avons transgressé tes saints commandemens,

Méconnu mille fois tes bontés paternelles,
Et trop souvent bravé tes justes châtimens.

5. Ni de ta charité la longue expérience,
Ni de ta loi, Seigneur, la grâce, la douceur,
Ni de ton Esprit saint la secrète influence,
Rien n'a pu jusqu'ici captiver notre cœur.

6. Ah! nous nous condamnons en ta sainte présence;
Tu peux nous accabler de ton bras tout-puissant,
Nous l'avons mérité; oui, notre conscience
Nous contraint d'avouer qu'aucun n'est innocent!

7. Grand Dieu! toi seul es juste, et nous sommes coupables;
Tu nous vois tous confus de nos déréglemens;
Mais pardonne, Seigneur, à tant de misérables,
Et n'exécute pas sur nous tes jugemens!

8. Écoute, Dieu tout bon, nos cris et nos requêtes!
Daigne prêter l'oreille à la voix de nos pleurs!
Ah! détourne les coups qui menacent nos têtes,
Et qu'un de tes regards dissipe nos frayeurs!

9. Sur ton Eglise en deuil fais reluire ta face!
De ton peuple affligé vois l'état malheureux!

Pour l'amour de ton fils, Éternel, fais-nous grâce,
Et du haut de ton trône exauce enfin nos vœux !

EN TEMPS DE GUERRE.

226. Air N°. 28 : *O Gott du frommer Gott.*
Ou N°. 29 ou 30.

1. Dieu juste, Dieu de paix, entends nos voix plaintives !
Vois ces champs ravagés, ces mères fugitives ;
Vois ces peuples épars, ces vieillards éplorés,
Et tes temples, Seigneur, par le feu dévorés !

2. Vois les tristes effets d'une cruelle rage,
Dans ces ruisseaux de sang, dans cet affreux carnage,
Dans cet horrible amas de morts et de mourans,
Dont la terre est couverte aux yeux de tes enfans !

3. Mais quel siècle jamais, plus souillé par le vice,
Mérita mieux, Seigneur, les coups de ta justice !
Quand vit-on le pécheur, plus fier, plus orgueilleux,
Lever contre le ciel son front audacieux !

4. Grand Dieu ! si la rigueur de tes coups légitimes

Ne s'est point épuisée après tant de victimes ;
Si tant de sang versé, tant de cruels malheurs,
N'ont pas fait de nos yeux couler assez de pleurs ;

5. Inspire-nous du moins, ô charitable Père,
Une douleur soumise, un repentir sincère !
Donne-nous de fléchir, par nos humbles regrets,
La sage austérité de tes justes décrets.

6. Ranime notre zèle, ô Dieu ! touche nos ames ;
Viens remplir notre cœur de ces brûlantes flammes,
Qu'allument le devoir, l'espérance et l'amour !
Élève notre esprit au céleste séjour !

7. Alors par nos vertus rappelant ta tendresse,
Nous goûterons encor la joie et l'allégresse :
Nous verrons se changer, par tes dons souverains,
Nos ténébreuses nuits en jours purs et sereins.

---

227. AIR N°. 12 : *Freu dich sehr, o meine Seele.*
(*Air du Ps. XLII*) *ou N°.* 13.

1. Au jour de notre détresse,
Nous crions à toi, Seigneur !
De la douleur qui nous presse
Daigne adoucir la rigueur !
Ah ! tes plus terribles coups,

Seigneur ! sont tombés sur nous ;
Le fer, le feu, le carnage,
Désolent notre héritage !

2. Vois nos florissantes villes
En proie au feu destructeur !
Vois, Seigneur, nos champs fertiles
Dévastés avec fureur !
Vois tes temples profanés,
Tes serviteurs consternés,
Les horreurs de la misère
Se répandre sur la terre !

3. Nos crimes, ô notre Père !
Ont armé ton bras vengeur ;
Mais ta justice sévère
Cède aux cris de la douleur.
Selon nos péchés, hélas !
Seigneur, ne nous juge pas !
Daigne à notre pénitence
Répondre dans ta clémence !

4. Ah ! sauve ton héritage !
Entends nos cœurs gémissans
Ranime notre courage !
Seigneur, sauve tes enfans !
Il n'est de secours qu'en toi ;
Soutiens, soutiens notre foi !

Sois, grand Dieu, notre défense,
Notre unique délivrance!

5. Détourne de notre tête
Le glaive exterminateur!
Arrête, Seigneur, arrête
Le fléau dévastateur!
O toi qui tiens dans tes mains
Les cœurs de tous les humains,
Des ames exaspérées
Daigne adoucir les pensées!

6. Aux gouverneurs de la terre
Donne ton Esprit de paix!
Que des fureurs de la guerre
Ils délivrent leurs sujets!
Que leur gloire et leur grandeur
Soient de t'imiter, Seigneur!
Et qu'ainsi tous les chérissent,
Les révèrent, les bénissent!

7. Fais succéder l'abondance
A la triste pauvreté!
Rends-nous, après la souffrance,
Les douceurs de ta bonté!
Que tes châtimens, Seigneur,
Convertissent notre cœur!
Rends-nous dignes de ta grâce,
Fais luire sur nous ta face!

POUR LA PAIX.

228. Air *N°. 16 : Je chanterai, Seigneur.*
Ou N°. 17.

1. Le Seigneur est connu dans notre humble demeure,
Sa charité suprême exauce nos souhaits;
Il veut, de ses faveurs nous comblant à toute heure,
Parmi nous ramener la paix.

2. Oui, ton pouvoir, grand Dieu! dissipe nos alarmes;
Tu fais couler nos jours au sein d'un doux repos;
Protégés par ton bras, loin du fracas des armes,
Nous voyons la fin de nos maux.

3. Daigne nous conserver cette paix précieuse!
Qu'elle puisse embrasser tous les peuples divers!
Maintiens, Seigneur, maintiens cette œuvre glorieuse,
Ce calme heureux de l'univers!

4. Que ceux pour qui tu veux opérer ces miracles,
En goûtent les doux fruits en pratiquant tes lois!
Que bénissant ton nom, écoutant tes oracles,
Ils n'obéissent qu'à ta voix!

5. C'est là le seul tribut, peuples, qu'il vous demande,
Ce Dieu qui vous combla de ses dons immortels!
Votre amour, votre cœur, c'est là l'unique offrande
Qui puisse honorer ses autels!

A L'USAGE DE LA JEUNESSE.

(Avant le catéchisme.)

229. Air N°. 52 : *Du Klagst und fühlest die Beschwerden*

1. A TON école, divin maître!
Nous sommes venus nous former;
Enseigne-nous à te connaître,
A te révérer, à t'aimer!

2. Seigneur, imprime-nous ta crainte!
Fais que, dociles à ta voix,
Nourris de ta parole sainte,
Nos cœurs soient soumis à tes lois!

(Après le catéchisme.)

3. Nous adorons cette loi sage
Que l'on vient de nous expliquer;
Achève, Seigneur, ton ouvrage!
Aide-nous à la pratiquer!

4. Ah! fais que, dès la tendre enfance,

Passant nos jours à te servir,
Grand Dieu, notre unique science
Soit de t'aimer, de t'obéir!

---

230. Air N°. 63.

1. Chantons de notre Créateur
Et les bienfaits et les louanges!
Joignons, dans une sainte ardeur,
Notre voix à la voix des anges!
Les plus mélodieux concerts
Sont les accens de l'innocence;
Et le maître de l'univers
Aime les hymnes de l'enfance.

2. Au pied de son trône éternel
Portons au Très-Haut notre hommage!
Allons, par un vœu solennel,
Lui consacrer notre jeune âge!
Offrons-lui, dès notre printemps,
Des cœurs brûlans pour son service,
Et n'attendons pas nos vieux ans
Pour lui faire ce sacrifice!

3. Allume chez nous de la foi,
O Seigneur, l'immortelle flamme!
Rends-nous savans dans cette loi,
Dont la douceur captive l'ame!

Fais que, vers ce monde meilleur,
Où nous appelle ta parole,
Jésus soit notre conducteur,
Et l'Évangile notre école !

4. Nous avons souvent entendu
La voix qui, de ta part, nous crie :
Si vous n'avez pas la vertu,
Que vous sert-il d'avoir la vie ?
Esprit saint ! propice à nos vœux,
Descends, viens en nous la produire,
Cette vertu qui, dans les cieux,
Seule a le droit de nous conduire !

5. Dieu Sauveur, daigne chaque jour
Exaucer notre humble prière !
Ouvre nos cœurs à ton amour,
Et nos ames à ta lumière !
Des rayons de ta vérité
Éclaire notre intelligence !
Et montre-nous l'éternité
Pour terme de notre espérance !

6. Hélas ! débiles arbrisseaux,
Si quelque bras ne nous appuie,
Qui nous gardera des assauts
Et du méchant et de l'impie ?
Toi seul, et Tu nous l'as promis,
Toi seul, ô notre tendre Père !

Place-nous donc en tes parvis
A l'ombre de ton sanctuaire !

7. Là, si ta bonté tour à tour
Sur nous fait resplendir sa face,
Et nous arrose chaque jour
Des eaux fécondes de ta grâce :
A l'abri des vents orageux
Nous croîtrons dans un heureux calme;
Et, nous élevant sous tes yeux,
Nous verdirons comme la palme.

8. Alors nous porterons, Seigneur !
Et les doux fruits de la sagesse,
Et le germe du vrai bonheur,
Sous les fleurs de notre jeunesse;
Jusqu'au moment où, de ta main,
Transplantés dans notre patrie,
Nous serons, au céleste Eden,
Pour jamais des arbres de vie.

---

231. Air N°. 16 : *Je chanterai, Seigneur.*
Ou N°. 17.

1. Heureux le cœur fidèle, où la douce innocence
De ses premiers attraits fait briller la beauté !
Non, rien dans les plaisirs qu'enfante l'opulence
N'égale sa félicité !

2. Le puissant Créateur, notre Roi, notre Père,
Sur l'ame sainte et pure aime à fixer ses yeux;
Et ce Dieu n'aperçoit, dans la nature entière,
Nul objet plus digne des cieux.

3. Il honore surtout, de sa vive tendresse,
Les aimables vertus qui, dès notre printemps,
Chères à notre cœur, ont de notre jeunesse
Embelli les heureux instans.

4. Ferme donc, ô jeunesse, aux délices perfides,
Dès tes premiers momens et tes yeux et ton cœur!
Dans l'amour du Seigneur cherche les biens solides,
Seuls ils feront ton vrai bonheur!

CANTIQUES SUR LA MORT.

232. Air N°. 49 : *Wie gross ist des Allmæcht'gen.*
Ou N°. 50 *ou* 51 (*air du Ps. CXVIII.*)

1. Ma vie, à peu de jours bornée,
S'écoule avec rapidité;
Mais quand ma course est terminée,
Je vois naître l'Éternité!
Grand Dieu, fais qu'à ma dernière heure
Je me prépare par la foi!
Et quand tu voudras que je meure,
A bien mourir dispose-moi!

2. C'est en vain que l'homme refuse
De songer au jour du trépas ;
Insensé celui qui s'abuse,
Tandis que la mort suit ses pas !
Jeunesse, vigueur, opulence,
Beauté, vertu, talent, grandeur,
Rien n'exempte de sa puissance,
Rien ne peut fléchir sa rigueur.

3. Peut-être, hélas ! cette journée
Sera la dernière pour moi !
La plus riante matinée
Peut voir naître un soir plein d'effroi.
Daigne, jusqu'à ma dernière heure,
O mon Dieu, veiller sur mon sort,
Et quand tu voudras que je meure,
Sois encor mon Dieu dans ma mort !

---

233. AIR N°. 41 : *So weit der Wesen Millionen.*

1. QU'IL passe ce corps misérable,
Ce pesant fardeau qui m'accable,
Sous la loi de la mort !
Qu'il soit dévoré par la tombe !
Qu'on l'y descende, et qu'il retombe
Dans la poussière dont il sort !

2. O mort, que l'on nomme cruelle !

Tu ne l'es point pour le fidèle ;
Tu finis son tourment.
Quand, par un instant de souffrance,
On acheta sa délivrance,
L'acheta-t-on trop chèrement ?

3. La foi donne le vrai courage ;
Pour qui vécut toujours en sage
La mort est un bonheur.
Quelques biens qu'elle nous arrache,
Ce qu'on posséda sans attache,
On l'abandonne sans douleur.

4. O puisque c'est la destinée
De notre race infortunée
De descendre au tombeau,
Fixe, ô grand Dieu, ma dernière heure !
Fais que dans ton amour je meure,
Pour jouir d'un destin nouveau !

5. O toi qui, du haut du Calvaire,
Offres à l'humaine misère
Le salut et la paix,
Fais-moi trouver par ta clémence,
Au sein de la mort, l'espérance,
Pour couronner tous tes bienfaits !

234. AIR No. 26 : *Nun ruhen alle Wælder.*

1. PRÈS de quitter la terre,
A son heure dernière,
Le juste sans frayeur
Voit la mort qui s'approche ;
Nul regret, nul reproche,
Ne saurait tourmenter son cœur.

2. En paix avec lui-même,
A son heure suprême
Il ne redoute rien ;
L'Esprit Saint qui l'éclaire
Lui montre en Dieu son Père,
Sa vie et son souverain bien.

3. Le trépas qui s'avance
Est de sa délivrance
Le signal consolant ;
Sans crainte, il envisage
Ce terrible passage,
Sûr du triomphe qui l'attend.

4. Il bénit, il console
Ceux que sa mort désole ;
Il implore sur eux
La paix, la bienveillance,

Du Dieu dont la clémence
S'apprête à combler tous ses vœux.

5. Son ame est calme et pure ;
Sur cette route obscure
Qui s'ouvre devant lui,
Il voit son tendre Père
Répandre sa lumière,
Et lui promettre son appui.

---

235. AIR N°. 24 : *Meinen Jesum lass ich nicht.*
Ou N°. 25.

1. NOTRE vie est un instant,
Et notre mort est certaine ;
Chaque jour, chaque moment,
Vers le tombeau nous entraîne :
O mortel, songe à ta fin !
Es-tu sûr du lendemain ?

2. Songe à marcher à grands pas,
Dans le sentier salutaire,
Qu'un jour tu souhaiteras
D'avoir suivi sur la terre ;
Quand l'inévitable mort
Viendra terminer ton sort.

3. Les richesses, les grandeurs,
Qu'ici-bas le monde donne,

Dans la mort, dans ses frayeurs,
N'ont pu consoler personne;
Le trépas rompt les liens
Qui t'attachent à ces biens.

4. La foi qui du Rédempteur,
Sut en tout suivre les traces
Et qui seule, du Sauveur
Peut nous obtenir les grâces;
C'est là l'unique trésor,
Qui nous reste à notre mort.

5. Mais, si tu veux l'acquérir,
Aime ton Dieu, veille et prie!
Chaque jour prêt à mourir,
Pense au terme de ta vie!
La mort ne répand d'horreur
Que dans l'ame du pécheur.

---

236. AIR N°. 19 : *Kommt her zu mir spricht.*
Ou, en réunissant deux versets, airs des Ps. CXXVIII. Ou CXXX.

1. L'INSENSÉ méprise la mort;
Le criminel en craint l'abord;
Le malheureux l'appelle;
Le sage sait s'y préparer,
Sans la craindre ou la désirer;

Quel plus digne modèle !

2. Tel est, non du sage païen,
Mais du véritable chrétien,
Le parfait caractère :
Il reconnaît un Dieu vengeur,
Mais il sait qu'il est un Sauveur
En qui son ame espère.

3. Ah ! qu'un mortel est malheureux
S'il n'attend qu'un néant affreux
Au sortir de la vie !
Pourrait-il goûter quelque paix,
S'il croit son ame pour jamais
A la mort asservie ?

4. Mille fois plus à plaindre encor
Est le pécheur à qui la mort
N'annonce que supplices !
Qui ne voit qu'un maître irrité
Dans le Dieu dont la sainteté
A réprouvé ses vices !

5. Heureux l'homme qui de son corps
Voyant s'affaiblir les ressorts,
Sent son ame immortelle
Prête à sortir de ce bas lieu
Pour goûter au sein de son Dieu
Une gloire éternelle !

6. Heureux l'homme qui de ses jours
Voit finir le pénible cours
Comme un pélerinage!
Et qui n'envisage la mort
Que comme un favorable port
Après un long orage!

RÉSURRECTION.

237. Air No. 28: *O Gott du frommer Gott.*
Ou No. 29 *ou* 30.

1. De notre Rédempteur la dernière venue,
Comme l'éclair brillant, sera prompte, imprévue;
Nul mortel n'en connaît l'heure ni le moment,
Préparons-nous sans cesse à cet événement!

2. Au son de la trompette, à la voix de l'archange,
Les sépulcres muets, par un prodige étrange,
Rendront, pour obéir au Juge souverain,
Les corps ressuscités de tout le genre humain.

3. Notre corps ici-bas terrestre et corruptible
Sortira du tombeau céleste, indestructible;
Le Sauveur tout-puissant qui descendra des cieux,
Le fera ressembler à son corps glorieux.

4. A ce corps transformé notre ame réunie

Du bonheur des élus, de leur gloire infinie
Goûtera tout le prix, et de l'éternité
Verra s'ouvrir alors le cours illimité.

5. L'Éternel a promis d'opérer ce miracle;
Son invincible bras ne connaît point d'obstacle ;
Ne saurait-il ravir au sombre monument
Ce corps que son pouvoir a tiré du néant ?

6. L'aiguillon de la mort se tournera contre elle,
On verra de sa main tomber sa faux cruelle ;
Le juste par Jésus alors ressuscité,
Héritera la vie et l'immortalité.

FIN DU MONDE.—JUGEMENT DERNIER.

238. AIR N°. 28 : *O Gott du frommer Gott.*
Ou N°. 29 ou 30.

1. DÉLIVRE-MOI, Seigneur, de la mort éternelle,
Et regarde en pitié mon ame criminelle !
Cache-la sous ton aile en ce jour plein d'effroi,
Où la terre et les cieux s'enfuiront devant toi !

2. Tu paraîtras alors dans ta majesté sainte
Pour juger l'univers qui frémira de crainte ;

Quel sera, Dieu puissant, le sort du réprouvé,
Si le juste lui-même est à peine sauvé!

3. Une voix éclatante et partout entendue,
De la terre et des cieux remplissant l'étendue,
Dira : Levez-vous, morts! Sortez du monument!
Venez de votre Dieu subir le jugement!

4. Que dirai-je, Seigneur! Que me faudra-t il faire
En ce jour où, sentant ma profonde misère.
Enfant souvent ingrat et rebelle à ta loi,
Je verrai mon péché s'élever contre moi!

5. Seigneur qui créas tout, et qui peux tout détruire;
Qui m'as formé de terre et qui peux m'y réduire,
Lorsqu'en ce dernier jour tu fixeras mon sort,
Souviens-toi que ton Christ m'a sauvé de la mort!

6. Ah! n'arme point ton bras contre ta créature!
Qu'en ce moment, Seigneur, ta grâce me rassure!
Que je puisse, en Jésus, ton fils et mon sauveur,
Compter sur un arrêt dicté par ta faveur!

239. Air No. 4 : *An Wasserflüssen Babylon.*

1. Quel spectacle se découvre
A mes timides regards!
La voûte céleste s'ouvre :
Qu'entends-je de toutes parts?
L'air retentit, les mers grondent,
Les élémens se confondent
Par des mouvemens divers!
Et, brisant enfin leur digue,
Font une funeste ligue
Pour détruire l'univers!

2. Le Père du jour expire;
L'horreur, le trouble et la nuit
Établissent leur empire;
La lune sanglante fuit!
Les feux du ciel se consument,
Et des feux nouveaux s'allument,
Dont la lugubre clarté
Est le terrible présage
De cet instant qui partage
Le temps et l'éternité.

3. Un son égal au tonnerre
Annonce le jour fatal,
Et donne à toute la terre

Le redoutable signal.
A cette voix menaçante
La mort même obéissante
Ouvre son avare sein ;
Et je vois, par tout le monde,
D'une poussière féconde,
Renaître le genre humain !

4. Parmi cet immense nombre
D'hommes tremblans, éperdus,
Règne une tristesse sombre ;
Tous les rangs sont confondus.
Déchus de leurs avantages,
Les Rois, les héros, les sages,
Reconnaissent aujourd'hui,
Que, soumis au même maître,
Au moment qu'il veut paraître,
Tout s'éclipse devant lui !

5. Pour annoncer sa venue
Le ciel s'embrase d'éclairs ;
Je l'aperçois dans la nue,
Assis au milieu des airs !
La sainteté le couronne,
La majesté l'environne,
La foudre part de ses yeux ;
Et, sur son front, la justice
Menace d'un prompt supplice
Les mortels audacieux.

6. Quels effroyables symptômes
Cause ce nouveau soleil,
En dissipant les fantômes
Produits par un long sommeil!
Saisi d'une peur soudaine,
Le juste se croit à peine
A couvert de son courroux;
Et l'on entend les coupables
Pousser ces cris lamentables :
Montagnes, tombez sur nous!

7. Déjà du livre céleste
Je vois les sept sceaux ouverts,
Et l'Éternel manifeste
Les secrets des cœurs pervers.
En vain l'injuste artifice
Aura su peindre le vice
Des couleurs de la vertu;
La vérité souveraine
Détruit l'apparence vaine
Dont il était revêtu.

8. Sévère Juge, bon Père,
Dieu sépare sans retour
Les objets de sa colère
Des objets de son amour.
Son inflexible justice,
Et sa charité propice,

Rendent, par un saint accord,
L'arrêt de mort et de vie,
Qui du juste et de l'impie
Règle pour jamais le sort.

9. Il commande! Les abîmes,
A sa parole s'ouvrant,
Engloutissent les victimes
Qu'il livre au feu dévorant;
Et, du séjour de la joie,
Lui-même traçant la voie,
Les justes vont, triomphans,
Jouir du riche héritage
Qu'il a promis pour partage
A ses fidèles enfans.

---

240. Air N°. 49 : *Wie gross ist des Allmæcht'gen.*
Ou N°. 50 *ou* 51 (*air du Ps. CXVIII*).

1. Dieu va déployer sa puissance,
Le temps comme un songe s'enfuit;
L'auguste Éternité commence,
Les astres tombent dans la nuit.
J'entends la trompette éclatante;
Quel bruit! Quels lugubres éclairs!
Je vois la foudre étincelante
Embraser ce vaste univers!

2. Sors des tombeaux, vaine poussière !
Dépouille des pâles humains !
Le Seigneur te rend la lumière,
Sa voix va fixer tes destins.
Il vient : Tremblez en sa présence,
Tremblez, pécheurs audacieux !
Et vous justes, pleins d'espérance,
Elevez vos fronts radieux !

3. Assis sur un trône de gloire,
Venez, dit-il, ô mes élus,
Goûter les fruits de la victoire
Que remportèrent vos vertus !
Et vous, vils esclaves du crime
Qui foulâtes aux pieds mes dons,
Allez au fond du noir abîme
Partager le sort des démons !

4. A ce grand jour, souverain Juge,
Fais que je prépare mon cœur !
Ouvre à ma faiblesse un refuge
Dans la grâce de mon Sauveur !
Fais qu'en ton amour je demeure !
Qu'exempt de remords, sans effroi,
Je puisse voir approcher l'heure
Où je paraîtrai devant toi !

241. Air N°. 9 : *Begleite mich o Christ.*

1. O la fatale incertitude,
Quand l'homme, à son dernier moment,
Attendra, plein d'inquiétude,
Ou sa grâce ou son châtiment!
C'est à cet instant formidable,
Qu'aux pieds d'un juge redoutable
On verra le pécheur trembler;
Et que des douleurs inutiles,
Que des vœux tardifs et stériles,
Ne serviront qu'à le troubler.

2. De la vanité qui l'enivre
L'homme ne connaît pas l'écueil;
Il va bientôt cesser de vivre,
Et ne pense point au cercueil.
Tout l'agite, tout le dissipe;
De sa fin et de son principe
Il a perdu le souvenir;
A peine un seul instant lui reste;
Et, près de sa chute funeste,
Il ne craint rien de l'avenir.

3. Vous de qui la folle arrogance
A pour appui de vains trésors,
Cette fastueuse opulence

Ne vous soutiendra plus alors !
Redevables à la justice
De l'Éternel vengeur du vice,
Qui peut jamais vous acquitter?
Votre force n'est que faiblesse,
Votre grandeur, votre noblesse
Ne viendront point vous racheter.

4. Quel tourment pour ces ames vaines,
Lorsqu'un douloureux repentir,
En aggravant leurs justes peines,
Dans leur sein se fera sentir!
Qu'elles maudiront cette joie,
Qui les rassure dans la voie
Où les guide leur folle erreur,
Quand, de leurs flammes consumées,
Dans les ténèbres renfermées,
Elles verront tout leur malheur!

5. Heureux, Seigneur, qui de ta grâce,
A ressenti les traits vainqueurs!
Pur à tes yeux, de ta menace
Il ne craindra point les rigueurs.
Quand un trépas doux et tranquille
Aura détruit le corps fragile
Qu'il doit abandonner un jour,
Son ame, à la terre ravie,

Ira d'une nouvelle vie
Habiter l'éternel séjour.

---

242. Air N°. 4 : *An Wasserflüssen Babylon.*

1. De quelle douleur profonde
Seront un jour pénétrés
Ces insensés qui, du monde,
Seigneur, vivent enivrés !
Quand, par une fin soudaine,
Détrompés d'une ombre vaine
Qui passe et ne revient plus,
Leurs yeux, du fond de l'abîme,
Près de ton trône sublime,
Verront briller tes élus !

2. Infortunés que nous sommes !
Où s'égaraient nos esprits ?
Voilà, diront-ils, ces hommes,
Vils objets de nos mépris !
Leur sainte et pénible vie
Nous parut une folie ;
Mais aujourd'hui, triomphans,
Le ciel chante leur louange,
Et Dieu lui-même les range
Au nombre de ses enfans.

3. Pour trouver un bien fragile
Qui nous vient d'être arraché,
Par quel chemin difficile,
Hélas! nous avons marché!
Dans une route insensée
Notre ame en vain s'est lassée
Sans se reposer jamais;
Fermant l'œil à la lumière
Qui nous montrait la carrière
De la bienheureuse paix.

4. De nos démarches injustes
Ah! quel prix nous est resté!
Où sont les titres augustes
Dont notre orgueil s'est flatté!
Sans amis et sans défense,
Au trône de la vengeance
Appelés en jugement,
Faibles et tristes victimes,
Nous y venons, de nos crimes
Accompagnés seulement!

5. Ainsi, d'une voix plaintive,
Exprimera ses remords
La pénitence tardive
Des inconsolables morts.
Ce qui faisait leurs délices,
Seigneur! fera leurs supplices;

Et, par une égale loi,
Tes saints trouveront des charmes
Dans le souvenir des larmes
Qu'ils versent ici pour toi.

---

243. Air N°. 28 : *O Gott du frommer Gott.*
Ou N°. 29 ou 30.

1. Réveille-toi, mortel, songe sans plus attendre,
Songe à ce compte exact qu'un jour il faudra rendre !
Retrace à ton esprit le moment solennel
Qui fixe sans retour ton destin éternel !

2. Réfléchis, il est temps; oses-tu comparaître
Devant le tribunal de ton souverain maître,
Devant ce juge austère à qui rien n'est caché,
Qui, jusqu'au fond des cœurs, découvre le péché ?

3. Pécheur infortuné, que pourras-tu répondre
A ce Dieu juste et saint qui viendra te confondre ?
Toi que déjà remplit de terreur et d'effroi
Le courroux impuissant d'un mortel comme toi !

4. Repens-toi; n'attends pas, pour renoncer au vice,

Ce jour terrible où Dieu déploira sa justice !
Ce jour où, déchiré de remords dévorans,
Ton cœur enfantera tes plus cruels tourmens !

5. Heureux le vrai chrétien qui vit dans l'innocence !
Le céleste séjour sera sa récompense ;
La foi vive et fervente assure son bonheur,
Et dans son juge même il trouve un rédempteur.

IMMORTALITÉ.

244. Air N°. 9 : *Begleite mich, o Christ.*

1. Espoir d'une vie immortelle !
Seul charme des cœurs abattus !
Toi, dont la sagesse éternelle
Fit le soutien de nos vertus !
Non, tu n'es point une chimère ;
La raison, la nature entière,
Tout me parle d'un avenir :
Il est, il est une autre vie,
L'Éternel me le certifie
En m'en inspirant le désir.

2. Quel prix cette heureuse espérance
Ajoute aux dons de ta bonté !
J'y vois, ô mon Dieu, ta puissance,

Ta justice, ta charité !
Sans une durée infinie,
Les plus doux liens de la vie
N'en feraient que le désespoir.
Grand Dieu ! quand ton arrêt sévère
Me prive d'un ami sincère,
Faudrait-il ne plus le revoir !

3. Quoi ! tant de facultés sublimes
Dont tu nous pourvus, Dieu puissant !
S'engloutiraient dans les abîmes
Du sépulcre affreux, du néant !
Hélas ! dans cette courte vie,
Ce n'est que la moindre partie
Que l'ame sait en employer,
Ta bonté l'en eût-elle ornée,
Si tu ne l'eusses destinée
Un jour à les mieux déployer !

4. Non, ta sagesse paternelle
Ne put rien créer sans dessein :
Tu veux que mon ame immortelle
Remplisse son noble destin ;
Tu veux, Seigneur, que ma pensée,
Ici par le doute offusquée,
S'éclaire un jour de plus en plus ;
Tu veux qu'alors ce cœur fragile,
Plus saint, à ta voix plus docile,

Acquière un trésor de vertus.

5. Souvent je vois fleurir le vice,
Et j'entends l'innocent gémir;
Où donc, où donc est ta justice,
Seigneur, s'il n'est point d'avenir?
Quoi! les pervers et les fidèles
Couverts des ombres éternelles
Confondraient à jamais leur sort!
Non, des méchans souverain juge,
L'Éternel sera le refuge
De ses élus après la mort.

6. Sa paternelle Providence
S'apprête à réparer un jour
Les désordres qu'en apparence
Elle autorise en ce séjour:
La mort ne détruit point notre être;
Si nous mourons, c'est pour renaître;
L'homme est fait pour l'éternité:
L'instant où nous cessons de vivre
Est le moment qui nous délivre
Des peines de l'humanité.

---

245. AIR N°. 28 : *O Gott du frommer Gott.*
Ou N°. 29 ou 30.

1. Je le sais, je le sens, d'une immortelle vie
Au dernier de mes jours ma mort sera suivie;

J'en porte le désir dans mon cœur en naissant,
Et dans mes facultés Dieu m'en donne un garant.

2. Je pense; la pensée, éclatante lumière,
Ne peut sortir du sein de l'épaisse matière;
J'entrevois ma grandeur, ce corps lourd et grossier
N'est donc pas tout mon bien, n'est pas moi tout entier.

3. Quand je pense, chargé de cet emploi sublime,
Plus noble que mon corps, un autre être m'anime,
Je trouve donc qu'en moi, par d'admirables nœuds,
Deux êtres opposés sont réunis entre eux.

4. De la chair et du sang le corps vil assemblage,
N'a rien qui de son Dieu nous retrace l'image;
Mais l'ame est un rayon de la divinité
Dont la nature échappe à la mortalité.

5. Qu'est-ce donc que l'instant où l'on cesse de vivre?
L'instant où de ses fers une ame se délivre:
Le corps né de la poudre, à la poudre est rendu,
L'esprit retourne au ciel dont il est descendu.

6. De l'immortalité nourris donc l'espérance,

Mon ame ! Un jour ton Dieu te montrant sa puissance,
Brisera tes liens, et du séjour des cieux
Lui-même t'ouvrira le chemin radieux.

---

246. AIR No. 9 : *Begleite mich, o Christ.*

1. LORSQUE de ma dernière aurore
Je vois s'éteindre le flambeau,
Quel astre heureux me luit encore
A l'autre bord de mon tombeau !
Daigne alors m'être favorable,
O Jésus ! Sauveur adorable !
Me rassurer, me consoler !
Entends ma dernière prière !
Environne de ta lumière
Mon ame prête à s'envoler !

2. Quelles délices éternelles
Ne réserves-tu pas, Seigneur !
A ces élus, à ces fidèles,
Qui t'avaient consacré leur cœur !
Tandis que la tempête gronde,
Le juste qui sur toi se fonde,
Se rassure à l'aspect du port
Où la vertu qu'il a chérie,
Dans une nouvelle patrie
Ira jouir d'un meilleur sort.

3. C'est là que du bonheur suprême
Il va s'abreuver à longs traits;
Les sources en sont en toi-même :
Peuvent-elles tarir jamais !
C'est là, grand Dieu que ta justice,
A tes enfans toujours propice,
Accomplit leur félicité;
Là, jouissant de leur victoire,
Ils chantent à jamais ta gloire
Et ton ineffable bonté.

---

247. AIR N°. 49 : *Wie gross ist des Allmæcht'gen.*
Ou N°. 50 *ou* 51 (*air du Ps. CXVIII*).

1. IMMORTALITÉ, douce attente
Du chrétien dans l'adversité !
Que ton idée est consolante !
Qu'elle élève l'humanité !
En vain d'un coup inévitable
La mort frappe nos faibles corps;
L'ame demeure invariable,
Et triomphe de ses efforts.

2. Je vois la nouvelle carrière
Qui doit un jour s'ouvrir pour moi,
Briller de la vive lumière
Que Dieu montre aux yeux de la foi.

Là, mon Sauveur, par sa puissance
Comblant désormais tous mes vœux,
Couronnera mon espérance
En m'ouvrant les trésors des cieux.

3. Là, des prodiges de ta grâce
Reconnaissant l'immensité,
Je contemplerai face à face,
O Dieu très-haut, ta majesté!
Là, pour célébrer les louanges
Du Sauveur, objet de mes chants,
Aux doux concerts de ses saints anges
J'unirai mes faibles accens.

4. Dans cette demeure éternelle,
Tendres objets de notre amour,
Comblés d'une gloire immortelle,
Nous vous retrouverons un jour!
Nos yeux vous reverront encore;
Doux espoir! ô viens l'accomplir,
Viens, grand Dieu que notre ame adore,
A tes élus nous réunir!

248. AIR N°. 16 : *Je chanterai, Seigneur.*
Ou N°. 17.

1. ENVIRONNÉ, grand Dieu, des esprits des fidèles,
Tu règnes dans les cieux pleins de ta sainteté !
Les anges devant toi se couvrent de leurs ailes
Pour adorer ta majesté.

2. Dans ce terrestre exil, hélas ! des voiles sombres
Nous cachent ta grandeur, la foi seule nous luit ;
Mais ton jour glorieux dissipera les ombres
De cette obscure et longue nuit.

3. Nous l'attendons, Seigneur, de ta main paternelle,
Ce jour après lequel nous devons soupirer ;
Ah ! pour la posséder, ta lumière éternelle,
Pourrions-nous trop la désirer ?

4. Suprême charité ! source auguste de grâce !
Fais que sur tes trésors nos vœux soient arrêtés ;
Et qu'un jour éternel succède au court espace
Des jours que tu nous as comptés !

249. Air N°. 53 : *Was sorgst du ængstlich für dein Leben.*

1. Toi dont l'adorable présence,
Dans le respect, dans le silence,
Retient les anges et les saints!
Grand Dieu! l'univers te révère;
Une inaccessible lumière
Te dérobe aux yeux des humains.

2. Ta main, dissipant nos ténèbres,
Soulève les voiles funèbres
Qui nous cachaient la vérité;
Tu feras plus, tu feras luire
Sur nous, dans ton céleste empire,
Le beau jour de l'éternité.

3. Quand pourront les ames fidèles,
Libres de leurs chaînes mortelles,
S'élever jusqu'à toi, Seigneur!
Prendre place parmi tes anges,
T'offrir leurs plus saintes louanges
Chanter à jamais ta grandeur!

4. Père éternel! source féconde
Des biens répandus dans ce monde!
Ah! verse ta paix dans nos cœurs!
Et qu'au ciel enfin ta puissance

Réalise leur espérance,
En les comblant de ses faveurs!

---

250. Air N°. 52: *Du klagst und fühlest die Beschwerden.*
Ou en réunissant deux versets, air du Ps. CXVIII.

1. Quels accords! quels concerts augustes!
Quelle pompe éblouit mes yeux!
Fais silence à l'aspect des justes,
O terre, entends les chants des cieux!

2. Auguste et divine harmonie!
Les saints, dans des transports d'amour,
Chantent la grandeur infinie
Du Dieu dont ils forment la cour.

3. Quel spectacle! Un Dieu sans nuage
Se montre aux yeux des bienheureux:
Ils contemplent de son visage
Les traits sereins et lumineux.

4. Le Seigneur transporte leur ame
Par les plus saints ravissemens;
La vive ardeur qui les enflamme
Exalte tous leurs sentimens.

5. Je vois à l'ombre de ses ailes
Ces saints dont l'éloquente voix
Confondit les esprits rebelles
Et donna des leçons aux rois.

6. Que nos voix ici-bas s'unissent
A leurs concerts mélodieux;
Servons le maître qu'ils bénissent
En suivant leurs pas glorieux.

7. Lorsque du séjour de sa gloire
Nous goûterons les doux attraits,
Comme eux, par des chants de victoire,
Nous le bénirons à jamais.

8. Donne-nous, Seigneur! l'héritage
Que tu promis à notre foi!
Ah! c'est vivre dans l'esclavage
Que de vivre éloigné de toi!

SUPPLÉMENT.

BÉNÉDICTION DE MARIAGE.

251. Air No. 45: *Wie herrlich strahlt.*

(Avant la bénédiction.)

1. Sur ces époux, Père éternel!
Jette, en cet instant solennel,
Un regard favorable!
Dieu riche en bénédictions,
Fais briller sur eux les rayons
De ta face adorable!

Qu'en toi—Leur foi,
Leur prière—Trouve un Père—Doux et tendre,
Toujours prêt à les entendre !

(Après la bénédiction.)

2. Ils ont imploré ton saint nom ;
Comble, Seigneur, leur union
De ta faveur céleste !
Sur leur maison, verse ta paix !
Que ta grâce, en mille bienfaits,
Sur eux se manifeste !
Amen !—Amen !
Sois leur guide !—Leur égide !—Sanctifie
Chacun des jours de leur vie !

---

252. AIR N°. 52 : *Du klagst und fühlest.*
Ou, en réunissant deux versets, air N°. 49 : Wie gross ist des Allmæcht'gen, ou du Ps. CXVIII.

1. HUMILIÉS devant ta face,
Guidés par ta religion,
Ces époux, ô Père de grâce !
Te consacrent leur union.

2. Que ta main sainte les bénisse
En ces instans religieux !
Sois-leur, grand Dieu, sois-leur propice !
Accorde-leur des jours heureux !

3. Entends leur serment, leur prière !
Exauce tous leurs vœux, Seigneur !
De tes dons comble leur carrière ;
Et répands ta paix dans leur cœur !

4. Qu'en t'invoquant, céleste Père !
En marchant partout sous tes yeux,
Ils s'assurent, dès cette terre,
Le bonheur éternel des cieux !

FIN.

TABLE DES CANTIQUES.

FIN DE LA TABLE.

www.ingramcontent.com/pod-product-compliance
Lightning Source LLC
LaVergne TN
LVHW020531230826
846091LV00002B/243

* 9 7 8 2 3 2 9 3 3 2 5 7 4 *